LA GUÍA ÚLTIMA DE PATATAS FRITAS Y SALSAS

Descubra recetas y maridajes irresistibles para los amantes de los snacks

Albert Molina

Material con derechos de autor ©2023

Reservados todos los derechos

Ninguna parte de este libro puede usarse ni transmitirse de ninguna forma ni por ningún medio sin el debido consentimiento por escrito del editor y del propietario de los derechos de autor, excepto las breves citas utilizadas en una reseña. Este libro no debe considerarse un sustituto del asesoramiento médico, legal o de otro tipo profesional.

TABLA DE CONTENIDO

TABLA DE CONTENIDO 3
INTRODUCCIÓN 6
PAPAS FRITAS 7
   1. Patatas fritas caseras clásicas 8
   2. Chips de jamón serrano 10
   3. chips de remolacha 12
   4. chips de cebada 14
   5. chips de pepperoni 16
   6. Chips de camote al horno 18
   7. Chips de col rizada 20
   8. Chips de calabacín 22
   9. Chips de zanahoria 24
   10. Chips de calabacín, ajo y parmesano 26
   11. chips de plátano 28
   12. Chips de tortilla 30
   13. Chips de manzana, azúcar y canela 32
   14. Chips de plátano picante, lima y chile 34
   15. Chips de remolacha, ajo y romero 36
   16. Chips de batata con curry y especias 38
   17. Chips de calabacín con queso de cabra y hierbas 40
   18. Chips de maíz con pimentón ahumado 42
   19. Patatas fritas con ajo y parmesano 44
   20. Chips de tortilla con comino y lima 46
   21. Chips de col rizada con crema agria y cebolla 48
   22. Chips de pita con queso cheddar y hierbas 50
   23. Chips de wonton crujientes al horno 52
   24. Patatas fritas cubiertas de chocolate 54
   25. Papas fritas con chile ancho 56
   26. chips de pepino 58
   27. Chips de pepinillos encurtidos 60
   28. chips de pera secos 62
   29. chips de piña secos 64
   30. chips de berenjena 66
   31. Patatas fritas moradas al horno 68
   32. Chips de yuca especiados 70
PATATAS FRITAS 72
   33. Patatas fritas clásicas con sal y vinagre 73

34. Patatas fritas con queso cheddar mexicano 75
35. Patatas fritas de ángel 77
36. Satay crujiente de piel de pollo 79
37. Patatas fritas de piel de pollo con aguacate 81
38. Patatas fritas de verduras con parmesano 83
39. Pastel de calabaza con patatas fritas de coco 85
40. Patatas fritas con piel de pollo alfredo 87
41. Pastel de calabaza Patatas fritas de coco 89
42. Patatas fritas de coco y caramelo 91
43. Patatas fritas con queso ahumado 93
44. Patatas fritas de calabacín y parmesano 95
45. Patatas fritas con pimentón picante 97
46. Patatas fritas con romero y parmesano 99
47. Patatas fritas de camote a la barbacoa 101
48. Patatas fritas de calabacín con ajo y hierbas 103
49. Patatas fritas de remolacha con hierbas y parmesano 105
50. Patatas fritas de tortilla de taco picantes 107
51. Patatas fritas de pretzel con miel y mostaza 109
52. Patatas fritas de pita con limón y pimienta 111
53. Patatas fritas de calabaza, canela y arce 113
54. Patatas fritas de papel de arroz con sésamo y jengibre 115
55. Patatas fritas de plátano bañadas en chocolate 117
56. Patatas fritas con tocino y mostaza 119
57. Patatas fritas con semillas de Benne 121
58. Patatas fritas con queso y alcaravea 123
59. Patatas fritas de avena y sésamo 125
60. Patatas fritas de piñones 127
61. Patatas fritas con cáscara 129
62. Patatas fritas 131
63. Patatas fritas con levadura 133
64. Patatas fritas de queso brie 135

ME LO PIDO 137

65. Salsa De Pollo Búfalo 138
66. Baba Ganoush alcalino 140
67. Hummus de calabacín y garbanzos 142
68. Hummus de garbanzos al limón y tahini 144
69. Hummus de garbanzos y ajo 146
70. Dip picante de calabaza y queso crema 148

71. Dip de queso crema y miel 150
72. Guacamole alcalino con ajo 152
73. Salsa alcalina de jalapeño 154
74. Caída/difusión de la fiesta bávara 156
75. Salsa de fiesta de alcachofas al horno 158
76. Salsa De Queso Brick 160
77. Dip de queso azul y queso gouda 162
78. Salsa de queso de pub 164
79. Salsa De Maíz Picante 166
80. Salsa para pizza baja en carbohidratos 168
81. Salsa de rangoon de cangrejo 170
82. Guacamole con queso de cabra 172
83. Salsa ranchera 174
84. Dip picante de camarones y queso 176
85. Salsa de ajo y tocino 178
86. Salsa cremosa de pesto y queso de cabra 180
87. Súper salsa de pizza caliente 182
88. Dip de espinacas y alcachofas al horno 184
89. Salsa De Alcachofas 186
90. Dip cremoso de alcachofas 188
91. Dip de eneldo y queso crema 190
92. Dip de arroz salvaje y chile 192
93. Dip picante de calabaza y queso crema 194
94. Dip cremoso de espinacas y tahini 196
95. Salsa de albaricoque y chile 198
96. Dip de berenjena asada 200
97. Dip de rábano microverde y lima 203
98. Salsa para mojar de mango y ponzu 205
99. Crema de berenjena y nueces 207
100. Atrevida salsa de espinacas con ajo asado 209

CONCLUSIÓN 211

INTRODUCCIÓN

¡Bienvenido a «La guía definitiva de patatas fritas, patatas fritas y salsas»! En este libro de cocina, nos embarcamos en un sabroso viaje dedicado a celebrar el arte de comer bocadillos. Ya sea que esté organizando una fiesta, disfrutando de una noche de cine o simplemente deseando un delicioso refrigerio, este libro lo tiene cubierto. Prepárese para tentar sus papilas gustativas con una variedad de chips crujientes, deliciosas patatas fritas y deliciosas salsas que elevarán su experiencia de refrigerio a nuevas alturas. Desde los favoritos clásicos hasta combinaciones innovadoras y únicas, este libro de cocina lo inspirará a explorar las infinitas posibilidades de las patatas fritas y las salsas.

A lo largo de las páginas, encontrará un tesoro de recetas cuidadosamente seleccionadas que satisfarán los antojos de todos los comensales. Hemos incluido recetas de papas fritas caseras, sabrosas tortillas fritas e incluso papas fritas a base de vegetales para quienes se preocupan por su salud. Sumérjase en una variedad de salsas saladas como guacamole cremoso, salsa picante y deliciosas salsas de queso que complementan perfectamente sus refrigerios crujientes. También encontrará interesantes variaciones de sabores, ideas de condimentos y consejos para lograr el crujido perfecto. Prepárate para impresionar a tus invitados y deleitar tu paladar con cada bocado.

PAPAS FRITAS

1.Patatas fritas caseras clásicas

INGREDIENTES:
- 4 patatas grandes
- Aceite vegetal para freír
- Sal al gusto

INSTRUCCIONES:

a) Lavar y pelar las patatas. Cortarlos en rodajas finas con una mandolina o un cuchillo afilado.

b) Coloca las rodajas de papa en un recipiente con agua fría y déjalas en remojo durante 30 minutos.

c) Escurre las patatas y sécalas con un paño de cocina limpio.

d) En una sartén honda o freidora, caliente el aceite vegetal a unos 350 °F (175 °C).

e) Fríe las rodajas de papa en tandas pequeñas durante 2-3 minutos o hasta que estén doradas y crujientes.

f) Utilice una espumadera para transferir las patatas fritas a un plato forrado con papel toalla para escurrir el exceso de aceite.

g) Espolvorea sal sobre las patatas fritas mientras aún estén calientes.

h) Deje que las patatas fritas se enfríen un poco antes de servir.

2.chips de prosciutto

INGREDIENTES:
- 12 rebanadas (1 onza) de prosciutto
- Aceite

INSTRUCCIONES:

a)   Precalienta el horno a 350°F.

b)   Forre una bandeja para hornear con papel pergamino y coloque las rodajas de prosciutto en una sola capa. Hornea por 12 minutos o hasta que el prosciutto esté crujiente.

c)   Deje enfriar completamente antes de comer.

3. Papas fritas de remolacha

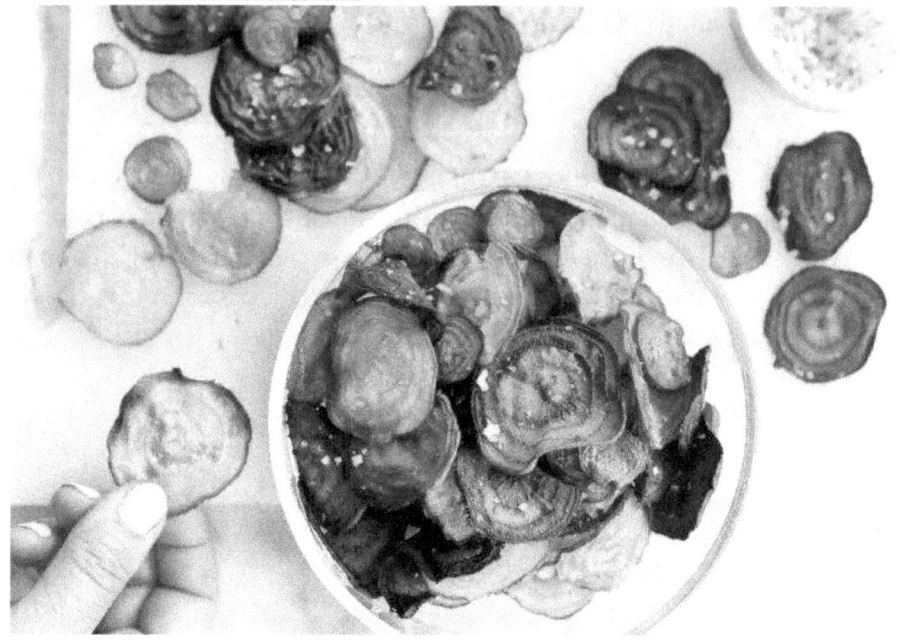

INGREDIENTES:
- 10 remolachas rojas medianas
- ½ taza de aceite de aguacate
- 2 cucharaditas de sal marina
- ½ cucharadita de ajo granulado

INSTRUCCIONES:

a) Precalienta el horno a 350°F. Forre algunas bandejas para hornear con papel pergamino y reserve.

b) Pele las remolachas con un cortador de verduras y córteles los extremos. Corte con cuidado las remolachas en rodajas, de unos 3 mm de grosor, con una mandolina o un cuchillo afilado.

c) Coloque las remolachas en rodajas en un tazón grande y agregue aceite, sal y ajo granulado. Mezcle para cubrir cada rebanada. Reserva 20 minutos, permitiendo que la sal elimine el exceso de humedad.

d) Escurre el exceso de líquido y coloca las remolachas en rodajas en una sola capa sobre bandejas para hornear preparadas. Hornee por 45 minutos o hasta que estén crujientes.

e) Retirar del horno y dejar enfriar. Guárdelo en un recipiente hermético hasta que esté listo para comer, hasta por 1 semana.

4.chips de cebada

INGREDIENTES:
- 1 taza de harina para todo uso
- ½ taza de harina de cebada
- ½ taza de cebada laminada (copos de cebada)
- 2 cucharadas de azúcar
- ¼ cucharadita de sal
- 8 cucharadas de mantequilla o margarina, ablandada
- ½ taza de leche

INSTRUCCIONES:

a) En un tazón grande o en el procesador de alimentos, mezcle la harina, la cebada, el azúcar y la sal.

b) Añade la mantequilla hasta que la mezcla parezca una harina gruesa. Agregue suficiente leche para formar una masa que se mantenga unida formando una bola cohesiva.

c) Divida la masa en 2 porciones iguales para enrollar. Sobre una superficie enharinada o tela pastelera, extiéndalo hasta ⅛ a ¼ de pulgada. Córtelo en círculos o cuadrados de 2 pulgadas y colóquelos en una bandeja para hornear ligeramente engrasada o forrada con papel pergamino. Pincha cada galleta en 2 o 3 lugares con los dientes de un tenedor.

d) Hornee de 20 a 25 minutos o hasta que esté medio dorado. Dejar enfriar sobre una rejilla.

5. chips de pepperoni

INGREDIENTES:
- 24 rebanadas de pepperoni sin azúcar
- Aceite

INSTRUCCIONES:
a) Precalienta el horno a 425°F.
b) Forre una bandeja para hornear con papel pergamino y coloque las rodajas de pepperoni en una sola capa.
c) Hornee por 10 minutos y luego retírelo del horno y use una toalla de papel para quitar el exceso de grasa.
d) Regrese al horno por 5 minutos más o hasta que el pepperoni esté crujiente.

6.Chips de batata al horno

INGREDIENTES:
- 2 batatas grandes
- 2 cucharadas de aceite de oliva
- Sal y pimienta para probar

INSTRUCCIONES:

a) Precalienta el horno a 375°F (190°C).

b) Lavar y pelar los boniatos. Cortarlos en rodajas finas con una mandolina o un cuchillo afilado.

c) En un tazón grande, mezcle las rodajas de camote con aceite de oliva, sal y pimienta hasta que estén cubiertas uniformemente.

d) Coloca las rodajas en una sola capa sobre una bandeja para hornear forrada con papel pergamino.

e) Hornee durante 15-20 minutos, volteando las patatas fritas a la mitad, hasta que estén crujientes y ligeramente doradas.

f) Retirar del horno y dejar enfriar las patatas fritas antes de servir.

7.papitas de col

INGREDIENTES:
- 1 manojo de col rizada
- 1 cucharada de aceite de oliva
- Sal y cualquier condimento adicional (p. ej., ajo en polvo, pimentón) al gusto

INSTRUCCIONES:
a) Precalienta el horno a 325°F (160°C).
b) Lave y seque bien las hojas de col rizada. Retire los tallos y corte las hojas en trozos pequeños.
c) En un tazón, mezcle los trozos de col rizada con aceite de oliva, sal y cualquier condimento adicional de su elección hasta que estén bien cubiertos.
d) Coloca los trozos de col rizada en una sola capa sobre una bandeja para hornear forrada con papel pergamino.
e) Hornee durante 10 a 15 minutos o hasta que la col rizada esté crujiente y ligeramente dorada.
f) Deje que los chips de col rizada se enfríen antes de servir.

8.Chips de Zucchini

INGREDIENTES:
- 2 calabacines medianos
- 2 cucharadas de aceite de oliva
- Sal y pimienta para probar

INSTRUCCIONES:

a) Precalienta el horno a 425°F (220°C).

b) Cortar los calabacines en rodajas finas con una mandolina o un cuchillo afilado.

c) En un bol, mezcle las rodajas de calabacín con aceite de oliva, sal y pimienta hasta que estén bien cubiertas.

d) Coloca las rodajas en una sola capa sobre una bandeja para hornear forrada con papel pergamino.

e) Hornee durante 15-20 minutos, volteando las patatas fritas a la mitad, hasta que estén crujientes y doradas.

f) Deje que los chips de calabacín se enfríen un poco antes de servir.

9.chips de zanahoria

INGREDIENTES:
- 4 zanahorias grandes
- 2 cucharadas de aceite de oliva
- Sal y cualquier condimento adicional (p. ej., pimentón, comino) al gusto

INSTRUCCIONES:

a) Precalienta el horno a 375°F (190°C).

b) Lavar y pelar las zanahorias. Cortarlos en rodajas finas con una mandolina o un cuchillo afilado.

c) En un tazón, mezcle las rodajas de zanahoria con aceite de oliva, sal y cualquier condimento adicional de su elección hasta que estén bien cubiertas.

d) Coloca las rodajas en una sola capa sobre una bandeja para hornear forrada con papel pergamino.

e) Hornee durante 12-15 minutos o hasta que los chips de zanahoria estén crujientes y ligeramente dorados.

f) Deje que las patatas fritas se enfríen antes de servir.

10. Chips de calabacín, ajo y parmesano

INGREDIENTES:
- 2 calabacines medianos
- ¼ taza de queso parmesano rallado
- ½ cucharadita de ajo en polvo
- ¼ cucharadita de sal
- ¼ cucharadita de pimienta negra

INSTRUCCIONES:

a) Precalienta el horno a 425°F (220°C).

b) Cortar los calabacines en rodajas finas con una mandolina o un cuchillo afilado.

c) En un tazón, combine el queso parmesano rallado, el ajo en polvo, la sal y la pimienta negra.

d) Mezcle las rodajas de calabacín en la mezcla de parmesano hasta que estén bien cubiertas.

e) Coloca las rodajas en una sola capa sobre una bandeja para hornear forrada con papel pergamino.

f) Hornee durante 12-15 minutos o hasta que los chips de calabacín estén crujientes y dorados.

g) Deje que las patatas fritas se enfríen un poco antes de servir.

11.Chips de plátano

INGREDIENTES:
- 2 plátanos maduros
- Aceite vegetal para freír
- Sal al gusto

INSTRUCCIONES:

a) Pela los plátanos y córtalos en rodajas finas con una mandolina o un cuchillo afilado.

b) En una sartén honda o freidora, caliente el aceite vegetal a unos 350 °F (175 °C).

c) Fríe las rodajas de plátano en tandas pequeñas durante 3-4 minutos o hasta que estén doradas y crujientes.

d) Utilice una espumadera para transferir las patatas fritas a un plato forrado con papel toalla para escurrir el exceso de aceite.

e) Espolvorea sal sobre las patatas fritas mientras aún estén calientes.

f) Deje que los chips de plátano se enfríen un poco antes de servir.

12.chips de tortilla

INGREDIENTES:
- 10 tortillas de maiz
- Aceite vegetal para freír
- Sal al gusto

INSTRUCCIONES:

Apila las tortillas y córtalas en triángulos.
En una sartén honda o freidora, caliente el aceite vegetal a unos 350 °F (175 °C).
Fríe los triángulos de tortilla en tandas pequeñas durante 2-3 minutos o hasta que estén crujientes y ligeramente dorados.
Utilice una espumadera para transferir las patatas fritas a un plato forrado con papel toalla para escurrir el exceso de aceite.
Espolvorea sal sobre las patatas fritas mientras aún estén calientes.
Deje que los chips de tortilla se enfríen un poco antes de servir.

13. Chips de manzana, azúcar y canela

INGREDIENTES:
- 2 manzanas grandes
- 1 cucharada de jugo de limón
- 1 cucharada de azúcar granulada
- 1 cucharadita de canela molida

INSTRUCCIONES:
Precalienta el horno a 225°F (110°C).

Lavar y descorazonar las manzanas. Cortarlos en rodajas finas con una mandolina o un cuchillo afilado.

En un bol, mezcle las rodajas de manzana con jugo de limón para evitar que se doren.

En un recipiente aparte, combine el azúcar granulada y la canela molida.

Espolvorea la mezcla de azúcar y canela sobre las rodajas de manzana, revolviendo para cubrirlas uniformemente.

Coloca las rodajas en una sola capa sobre una bandeja para hornear forrada con papel pergamino.

Hornee durante 1,5 a 2 horas, volteando las patatas fritas a la mitad, hasta que estén crujientes y ligeramente curvadas.

Deje que los chips de manzana se enfríen antes de servir.

14. Chips de plátano picante, lima y chile

INGREDIENTES:
- 2 plátanos maduros
- 2 cucharadas de jugo de lima
- 1 cucharadita de chile en polvo
- ½ cucharadita de sal
- Aceite vegetal para freír

INSTRUCCIONES:

Pela los plátanos y córtalos en rodajas finas con una mandolina o un cuchillo afilado.

En un tazón, combine el jugo de lima, el chile en polvo y la sal.

Mezcle las rodajas de plátano en la mezcla de jugo de limón hasta que estén bien cubiertas.

En una sartén honda o freidora, caliente el aceite vegetal a unos 350 °F (175 °C).

Fríe las rodajas de plátano en tandas pequeñas durante 3-4 minutos o hasta que estén doradas y crujientes.

Utilice una espumadera para transferir las patatas fritas a un plato forrado con papel toalla para escurrir el exceso de aceite.

Deje que los chips de plátano se enfríen un poco antes de servir.

15. Chips de remolacha, ajo y romero

INGREDIENTES:
- 2 remolachas grandes
- 2 cucharadas de aceite de oliva
- 1 cucharadita de romero seco
- ½ cucharadita de ajo en polvo
- ½ cucharadita de sal

INSTRUCCIONES:

Precalienta el horno a 375°F (190°C).

Lavar y pelar las remolachas. Cortarlos en rodajas finas con una mandolina o un cuchillo afilado.

En un tazón, combine el aceite de oliva, el romero seco, el ajo en polvo y la sal.

Mezcle las rodajas de remolacha en la mezcla de aceite hasta que estén bien cubiertas.

Coloca las rodajas en una sola capa sobre una bandeja para hornear forrada con papel pergamino.

Hornee durante 15-20 minutos, volteando las patatas fritas a la mitad, hasta que estén crujientes y ligeramente curvadas.

Deje que los chips de remolacha se enfríen antes de servir.

16. Chips de batata con curry y especias

INGREDIENTES:
- 2 batatas grandes
- 2 cucharadas de aceite de oliva
- 1 cucharadita de curry en polvo
- ½ cucharadita de sal
- ¼ cucharadita de cúrcuma molida
- ¼ cucharadita de comino molido

INSTRUCCIONES:

Precalienta el horno a 375°F (190°C).

Lavar y pelar los boniatos. Cortarlos en rodajas finas con una mandolina o un cuchillo afilado.

En un bol, mezcle las rodajas de batata con aceite de oliva, curry en polvo, sal, cúrcuma y comino hasta que estén bien cubiertas.

Coloca las rodajas en una sola capa sobre una bandeja para hornear forrada con papel pergamino.

Hornee durante 15-20 minutos, volteando las patatas fritas a la mitad, hasta que estén crujientes y ligeramente doradas.

Retirar del horno y dejar enfriar las patatas fritas antes de servir.

17.Chips de calabacín con queso de cabra y hierbas

INGREDIENTES:
- 2 calabacines medianos
- 2 cucharadas de aceite de oliva
- Sal y pimienta para probar
- 2 onzas de queso de cabra, desmenuzado
- 1 cucharada de hierbas frescas (como perejil, eneldo o albahaca), picadas

INSTRUCCIONES:
a) Precalienta el horno a 425°F (220°C).
b) Cortar los calabacines en rodajas finas con una mandolina o un cuchillo afilado.
c) En un bol, mezcle las rodajas de calabacín con aceite de oliva, sal y pimienta hasta que estén bien cubiertas.
d) Coloca las rodajas en una sola capa sobre una bandeja para hornear forrada con papel pergamino.
e) Espolvorea el queso de cabra desmenuzado y las hierbas frescas picadas sobre las rodajas de calabacín.
f) Hornee durante 12-15 minutos o hasta que los chips de calabacín estén crujientes y dorados.
g) Deje que las patatas fritas se enfríen un poco antes de servir.

18.Chips de maíz con pimentón ahumado

INGREDIENTES:
- 4 mazorcas de maíz
- 2 cucharadas de aceite de oliva
- 1 cucharadita de pimentón ahumado
- ½ cucharadita de sal

INSTRUCCIONES:

a) Precalienta el horno a 375°F (190°C).

b) Desgrana el maíz y retira los granos con un cuchillo.

c) En un bol, mezcle los granos de maíz con aceite de oliva, pimentón ahumado y sal hasta que estén bien cubiertos.

d) Extienda los granos en una sola capa sobre una bandeja para hornear forrada con papel pergamino.

e) Hornee durante 15 a 20 minutos, revolviendo ocasionalmente, hasta que los chips de maíz estén crujientes y ligeramente dorados.

f) Deje que las patatas fritas se enfríen antes de servir.

19. Patatas fritas con ajo y parmesano

INGREDIENTES:
- 4 patatas grandes
- Aceite vegetal para freír
- 3 dientes de ajo, picados
- ¼ taza de queso parmesano rallado
- ½ cucharadita de sal
- ¼ cucharadita de pimienta negra
- 2 cucharadas de perejil fresco, picado

INSTRUCCIONES:

Lavar y pelar las patatas. Cortarlos en rodajas finas con una mandolina o un cuchillo afilado.

Coloca las rodajas de papa en un recipiente con agua fría y déjalas en remojo durante 30 minutos.

Escurre las patatas y sécalas con un paño de cocina limpio.

En una sartén honda o freidora, caliente el aceite vegetal a unos 350 °F (175 °C).

Fríe las rodajas de papa en tandas pequeñas durante 2-3 minutos o hasta que estén doradas y crujientes.

Utilice una espumadera para transferir las patatas fritas a un plato forrado con papel toalla para escurrir el exceso de aceite.

En un recipiente aparte, combine el ajo picado, el queso parmesano rallado, la sal, la pimienta negra y el perejil fresco.

Espolvorea la mezcla de ajo y parmesano sobre las papas fritas calientes y revuelve suavemente para cubrirlas.

Deje que las patatas fritas se enfríen un poco antes de servir.

20.Chips de tortilla con comino y lima

INGREDIENTES:
- 10 tortillas de maiz
- Aceite vegetal para freír
- 1 cucharadita de comino molido
- Ralladura de 1 lima
- Sal al gusto

INSTRUCCIONES:

a) Apila las tortillas y córtalas en triángulos.
b) En una sartén honda o freidora, caliente el aceite vegetal a unos 350 °F (175 °C).
c) Fríe los triángulos de tortilla en tandas pequeñas durante 2-3 minutos o hasta que estén crujientes y ligeramente dorados.
d) Utilice una espumadera para transferir las patatas fritas a un plato forrado con papel toalla para escurrir el exceso de aceite.
e) En un tazón, combine el comino molido, la ralladura de lima y la sal.
f) Espolvorea la mezcla de comino y lima sobre los chips de tortilla calientes y revuelve suavemente para cubrirlos.
g) Deje que las patatas fritas se enfríen un poco antes de servir.

21.Chips de col rizada con crema agria y cebolla

INGREDIENTES:
- 1 manojo de col rizada
- 2 cucharadas de aceite de oliva
- 2 cucharadas de crema agria en polvo
- 1 cucharada de cebolla en polvo
- ½ cucharadita de sal

INSTRUCCIONES:

a) Precalienta el horno a 325°F (160°C).

b) Lave y seque bien las hojas de col rizada. Retire los tallos y corte las hojas en trozos pequeños.

c) En un bol, mezcle los trozos de col rizada con aceite de oliva hasta que estén bien cubiertos.

d) En un recipiente aparte, combine la crema agria en polvo, la cebolla en polvo y la sal.

e) Espolvoree la mezcla de crema agria y cebolla sobre los trozos de col rizada, revolviendo para cubrir uniformemente.

f) Coloque los trozos de col rizada rebozados en una sola capa sobre una bandeja para hornear forrada con papel pergamino.

g) Hornee durante 12 a 15 minutos o hasta que los chips de col rizada estén crujientes y ligeramente dorados.

h) Deje que las patatas fritas se enfríen antes de servir.

22. Chips de pita con queso cheddar y hierbas

INGREDIENTES:
- Seis bollos (pita de 7 pulgadas), cortados en trozos de 1½ pulgada
- 1 cucharadita de salvia seca desmenuzada
- 1 cucharadita de tomillo seco; se desmoronó
- ½ cucharadita de sal
- ½ cucharadita de pimienta
- 1½ taza de queso cheddar rallado; (alrededor de 6 onzas)

INSTRUCCIONES:

a) Coloque los trozos de pita muy juntos, con los lados ásperos hacia arriba, en 2 bandejas para hornear grandes.

b) En un tazón pequeño combine bien la salvia, el tomillo, la sal y la pimienta, espolvoree la mezcla sobre los trozos de pita y esparza el queso cheddar encima.

c) Hornee las patatas fritas a 375F precalentadas. Hornea de 12 a 15 minutos, o hasta que estén dorados.

23. Chips de wonton crujientes al horno

INGREDIENTES:
- ½ paquete de envoltorios Won-Ton
- Aerosol para cocinar vegetales

INSTRUCCIONES:

a) Precalienta el horno a 350F.
b) Coloque los envoltorios en dos bandejas para hornear antiadherentes.
c) Cubra cada envoltorio con spray vegetal para cocinar.
d) Corta los envoltorios en tres tiras.
e) Hornee hasta que las patatas fritas estén ligeramente doradas.

24.Patatas fritas cubiertas de chocolate

INGREDIENTES:
- 7 onzas de papas fritas en lata
- 2 cucharadas de aceite de cocina
- 2 paquetes (12 onzas) de trozos de chocolate con leche

INSTRUCCIONES:

a) Coloca el chocolate y el aceite de cocina en una cazuela.

b) Cocine en el microondas al 50% de potencia durante 4 a 7 minutos, revolviendo ocasionalmente hasta que el chocolate se derrita y se mezcle con una salsa suave.

c) Sumerge las chispas en el chocolate, una a la vez, dejando un extremo descubierto.

d) Golpee suavemente para eliminar el exceso de chocolate.

e) Colóquelo sobre papel encerado. Repetir. Refrigere las chispas hasta que el chocolate esté cuajado. Almacenar en un recipiente hermético.

25. Papas fritas con chile ancho

INGREDIENTES:
- 3 tazas de aceite de maní
- 4 papas grandes, cortadas en gaufrette
- ½ taza de chile ancho en polvo
- Sal

INSTRUCCIONES:
a) Caliente el aceite a 375 grados F.
b) Freír las patatas en tandas y escurrir sobre toallas de papel.
c) Mezcle inmediatamente con ancho en polvo y sal.

26. chips de pepino

INGREDIENTES:
- 24 pepinos pequeños/en rodajas; ¼ de pulgada de espesor
- ½ taza de sal para encurtir
- 3 tazas de vinagre (5% de acidez)
- 1 litro de agua
- 1 cucharada de cúrcuma molida
- 1 litro de vinagre (5% de acidez)
- 1 taza de agua
- 2 tazas de azúcar
- 2 palitos de canela (3 pulgadas)
- 1 pizca de raíz de jengibre fresca (1 pulgada)
- 1 cucharada de semillas de mostaza
- 1 cucharadita de clavo entero
- 2 tazas de azúcar moreno; firmemente embalado

INSTRUCCIONES:

a) Coloque los pepinos en un tazón grande; espolvorear con sal. Tapar y dejar reposar durante 3 horas. Escurrir bien. Combine 3 tazas de vinagre, 1 litro de agua y cúrcuma en una olla grande; llevar a ebullición y verter sobre los pepinos. Cubra y deje reposar hasta que se enfríe a temperatura ambiente.

b) Escurrir y enjuagar los pepinos.

c) Escurrir nuevamente. Combine 1 litro de vinagre, 1 taza de agua y 2 tazas de azúcar en una olla. Ate las especias en una bolsa de estopilla y agréguelas a la mezcla de vinagre. Llevar a ebullición; reduzca el fuego y cocine a fuego lento, sin tapar, durante 15 minutos. Vierta la mezcla sobre los pepinos. Dejar reposar al menos 12 horas en un lugar fresco.

d) Escurre el almíbar de los pepinos en una olla. Agregue el azúcar moreno y deje hervir. Empaque los pepinos en frascos esterilizados calientes, dejando un espacio libre de ¼ de pulgada. Vierta el almíbar hirviendo sobre los pepinos, dejando un espacio libre de ¼ de pulgada.

e) Retire las burbujas de aire; limpie los bordes de los frascos. Cubra inmediatamente con tapas de metal y bandas atornilladas.

f) Procesar al baño maría hirviendo durante 10 minutos.

27. chips de pepinillos encurtidos

INGREDIENTES:
- 2 pintas de pepinillos encurtidos en rodajas; sin drenaje
- 1 huevo grande; ligeramente batido
- 1 cucharada de harina para todo uso
- ½ cucharadita de salsa picante
- 1½ tazas de harina para todo uso
- 2½ cucharaditas de pimiento rojo molido
- 1 cucharadita de ajo en polvo
- ½ cucharadita de sal
- Aceite vegetal

INSTRUCCIONES:
a) Escurre los pepinillos y reserva ⅔ de taza de jugo de pepinillos.
b) Presione los pepinillos entre toallas de papel para eliminar el exceso de humedad.
c) Combine ⅔ taza de jugo de pepinillos, huevo, 1 cucharada de harina y salsa picante; revuelva bien y reserve.
d) Combine 1-½ tazas de harina y los siguientes 3 ingredientes; revuelva bien. Sumerge los pepinillos en la mezcla de huevo; dragar en la mezcla de harina.
e) Vierta el aceite a una profundidad de 1-½ pulgadas, si usa una sartén. Freír los pepinillos rebozados en tandas, en aceite caliente (375F) durante 2 a 3 minutos o hasta que estén dorados, volteándolos una vez. Escurrir sobre toallas de papel.
f) Servir inmediatamente.

28.chips de pera seca

INGREDIENTES:
- 2 peras
- 1 taza de almíbar simple

INSTRUCCIONES:

a) Lavar la fruta y cortarla en rodajas muy finas con una cortadora de carne eléctrica. Sumerja las rebanadas en almíbar simple y luego colóquelas en una bandeja para hornear forrada con papel pergamino.

b) Colóquelo en un horno de convección a 200 grados durante 40 a 60 minutos, hasta que se seque.

c) Mientras aún está caliente, retira las rodajas del papel. Dejar enfriar completamente sobre una rejilla. Almacenar en un recipiente hermético.

29. chips de piña secos

INGREDIENTES:
- 2 piñas; pelado, sin corazón y en rodajas finas
- Azúcar para espolvorear

INSTRUCCIONES:

a) Coloque la piña en una bandeja para hornear forrada con papel pergamino.

b) Espolvorea con azúcar y seca en un horno a 250 grados durante unos 90 minutos. Fresco.

c) Transfiera a un recipiente hermético.

30. chips de berenjena

INGREDIENTES:
- Berenjena cortada transversalmente en rodajas de ¼ de pulgada o en rectángulos del tamaño de un dedo
- Aceite caliente

INSTRUCCIONES:
a) Corte la berenjena transversalmente en rodajas de ¼ de pulgada o en rectángulos del tamaño de un dedo.
b) Echar inmediatamente en aceite caliente (375*) en un termómetro para freír) Freír hasta que estén dorados. Escurrir sobre papel absorbente. Sazone al gusto.
c) Servir como aperitivo o como verdura.

31. Patatas fritas moradas al horno

INGREDIENTES:
- 2 cucharadas de aceite de oliva
- 1 cucharadita de sal gruesa
- ¼ cucharadita de azúcar
- ⅛ cucharadita de pimienta de cayena
- Jugo de ½ lima
- 3 papas moradas grandes; cortado en rodajas muy finas

INSTRUCCIONES:

a) Precalienta el horno a 400 grados.

b) Mezcle el aceite, la sal, el azúcar, la pimienta de cayena y el jugo de lima en un tazón grande. Agregue a las papas y revuelva para cubrir.

c) Coloque las papas en una sola capa sobre bandejas para hornear. Hornee hasta que las papas comiencen a dorarse en el fondo, aproximadamente 15 minutos. Voltee las papas y hornee hasta que estén crujientes y doradas, aproximadamente 20 minutos.

d) Espolvorea con sal adicional si es necesario.

32. chips de yuca especiados

INGREDIENTES:
- 2½ libras de yuca fresca; cortar en secciones de 4 pulgadas
- Aceite vegetal para freír
- 1 cucharada de chile en polvo
- ¾ cucharadita de sal
- una pizca de cayena

INSTRUCCIONES:

a) Con un cuchillo de pelar, haga un corte de ⅛ de pulgada de profundidad a lo largo de cada sección de yuca y con la ayuda del cuchillo retire las capas marrón y blanca.

b) En un procesador de alimentos equipado con 1 mm. El disco rebanador corta la yuca en forma transversal.

c) En una tetera, caliente 1-½ pulgadas de aceite a 375F. en un termómetro de grasa profunda.

d) Separando las rodajas de yuca, colóquelas, una a la vez, en el aceite y fríalas en tandas, volteándolas, durante 1 a 2 minutos, o hasta que estén doradas pálidas, transfiriéndolas mientras se fríen a toallas de papel para escurrir.

e) En un tazón pequeño mezcle el chile en polvo, la sal y la cayena y en un tazón grande mezcle las patatas fritas con la mezcla de especias.

PATATAS FRITAS

33. Patatas fritas clásicas con sal y vinagre

INGREDIENTES:
- 4 patatas grandes
- 1 cucharadita de sal
- 2 cucharadas de vinagre blanco

INSTRUCCIONES:

a) Precalienta el horno a 375°F (190°C).
b) Lavar y pelar las patatas.
c) Cortar las patatas en rodajas finas con una mandolina o un cuchillo afilado.
d) En un tazón grande, mezcle las rodajas de papa con sal y vinagre, asegurándose de que todas las rodajas queden cubiertas.
e) Coloque las rodajas de papa en una bandeja para hornear forrada con papel pergamino.
f) Hornee durante 15-20 minutos o hasta que estén crujientes y doradas.
g) Retirar del horno y dejar enfriar antes de servir.

34. Patatas fritas con queso cheddar meximelt

INGREDIENTES:
- 1 taza de queso cheddar fuerte
- ⅛ cucharadita de ajo granulado
- ⅛ cucharadita de chile en polvo
- ⅛ cucharadita de comino molido
- 1/16 cucharadita de pimienta de cayena
- 1 cucharada de cilantro finamente picado
- 1 cucharadita de aceite de oliva

INSTRUCCIONES:

a) Precalienta el horno a 350°F. Prepara una bandeja para hornear galletas con papel pergamino o un tapete Silpat.

b) Mezcle todos los ingredientes en un tazón mediano hasta que estén bien combinados.

c) Coloque porciones del tamaño de una cucharada en la bandeja para hornear preparada.

d) Cocine durante 5 a 7 minutos hasta que los bordes comiencen a dorarse.

e) Deje enfriar durante 2 a 3 minutos antes de retirarlo de la bandeja para hornear con una espátula.

35.patatas fritas de ángel

INGREDIENTES:
- ½ taza de azúcar
- ½ taza de azúcar moreno
- 1 taza de manteca
- 1 huevo
- 1 cucharadita de vainilla
- 1 cucharadita de crémor tártaro
- 2 tazas de harina
- ½ cucharadita de sal
- 1 cucharadita de bicarbonato de sodio

INSTRUCCIONES:

a) Crema de azúcar, azúcar moreno y manteca vegetal. Agrega la vainilla y el huevo. Licue hasta que quede esponjoso.

b) Agrega los ingredientes secos; mezcla.

c) Haga bolitas con cucharaditas. Pasar por agua y luego por azúcar granulada. Colóquelo en una bandeja para hornear galletas, con el azúcar hacia arriba, luego aplánelo con un vaso.

d) Hornee a 350 grados durante 10 minutos.

36. Satay crujiente de piel de pollo

INGREDIENTES:
- Piel de 3 muslos de pollo grandes
- 2 cucharadas de mantequilla de maní en trozos sin azúcar agregada
- 1 cucharada de crema de coco sin azúcar
- 1 cucharadita de aceite de coco
- 1 cucharadita de chile jalapeño picado y sin semillas
- ¼ diente de ajo, picado
- 1 cucharadita de aminoácidos de coco

INSTRUCCIONES:

a) Precalienta el horno a 350°F. En una bandeja para hornear forrada con papel pergamino, coloque las pieles lo más planas posible.

b) Hornee de 12 a 15 minutos hasta que la piel adquiera un color marrón claro y crujiente, teniendo cuidado de no quemarla.

c) Retire la piel de la bandeja para hornear y colóquela sobre una toalla de papel para que se enfríe.

d) En un procesador de alimentos pequeño, agregue la mantequilla de maní, la crema de coco, el aceite de coco, el jalapeño, el ajo y los aminoácidos de coco. Mezcle hasta que esté bien mezclado, aproximadamente 30 segundos.

e) Corta cada piel de pollo crujiente en 2 trozos.

f) Coloque 1 cucharada de salsa de maní sobre cada pollo crujiente y sirva inmediatamente. Si la salsa está demasiado líquida, refrigere por 2 horas antes de usarla.

37. Patatas fritas de piel de pollo con aguacate

INGREDIENTES:
- Piel de 3 muslos de pollo grandes
- ¼ de aguacate mediano pelado y sin hueso
- 3 cucharadas de crema agria entera
- ½ chile jalapeño mediano, sin semillas y finamente picado
- ½ cucharadita de sal marina

INSTRUCCIONES:

a) Precalienta el horno a 350°F. En una bandeja para hornear forrada con papel pergamino, coloque las pieles lo más planas posible.

b) Hornee de 12 a 15 minutos hasta que la piel adquiera un color marrón claro y crujiente, teniendo cuidado de no quemarla.

c) Retire la piel de la bandeja para hornear y colóquela sobre una toalla de papel para que se enfríe.

d) En un tazón pequeño, combine el aguacate, la crema agria, el jalapeño y la sal.

e) Mezclar con un tenedor hasta que esté bien mezclado.

f) Corta cada piel de pollo crujiente en 2 trozos.

g) Coloque 1 cucharada de mezcla de aguacate sobre cada pollo crujiente y sirva inmediatamente.

38.Patatas fritas de verduras con parmesano

INGREDIENTES:
- ¾ taza de calabacín rallado
- ¼ taza de zanahorias ralladas
- 2 tazas de queso parmesano recién rallado
- 1 cucharada de aceite de oliva
- ¼ cucharadita de pimienta negra

INSTRUCCIONES:

a) Precalienta el horno a 375°F. Prepara una bandeja para hornear galletas con papel pergamino o un tapete Silpat.

b) Envuelva las verduras ralladas en una toalla de papel y escurra el exceso de humedad.

c) Mezcle todos los ingredientes en un tazón mediano hasta que estén bien combinados.

d) Coloque montículos del tamaño de una cucharada en la bandeja para hornear preparada.

e) Hornee durante 7 a 10 minutos hasta que esté ligeramente dorado.

f) Deje enfriar durante 2 a 3 minutos y retírelo de la bandeja para hornear.

39.Pastel de calabaza con patatas fritas de coco

INGREDIENTES:
- 2 cucharadas de aceite de coco
- ½ cucharadita de extracto de vainilla
- ½ cucharadita de especias para pastel de calabaza
- 1 cucharada de eritritol granulado
- 2 tazas de hojuelas de coco sin azúcar
- ⅛ cucharadita de sal

INSTRUCCIONES:

a) Precalienta el horno a 350°F.

b) Coloque el aceite de coco en un recipiente mediano apto para microondas y cocine en el microondas hasta que se derrita, aproximadamente 20 segundos.

c) Agregue el extracto de vainilla, las especias para pastel de calabaza y el eritritol granulado al aceite de coco y revuelva hasta que se combinen.

d) Coloque las hojuelas de coco en un tazón mediano, vierta la mezcla de aceite de coco sobre ellas y revuelva para cubrir. Extienda en una sola capa sobre una bandeja para hornear y espolvoree con sal.

e) Hornea por 5 minutos o hasta que el coco esté crujiente.

40.Patatas fritas con piel de pollo alfredo

INGREDIENTES:
- Piel de 3 muslos de pollo grandes
- 2 cucharadas de queso ricota
- 2 cucharadas de queso crema
- 1 cucharada de queso parmesano rallado
- ¼ diente de ajo, picado
- ¼ cucharadita de pimienta blanca molida

INSTRUCCIONES:

a) Precalienta el horno a 350°F. En una bandeja para hornear forrada con papel pergamino, coloque las pieles lo más planas posible.

b) Hornee de 12 a 15 minutos hasta que la piel adquiera un color marrón claro y crujiente, teniendo cuidado de no quemarla.

c) Retire la piel de la bandeja para hornear y colóquela sobre una toalla de papel para que se enfríe.

d) En un tazón pequeño, agrega el queso, el ajo y la pimienta. Mezclar con un tenedor hasta que esté bien mezclado.

e) Corta cada piel de pollo crujiente en 2 trozos.

f) Coloque 1 cucharada de mezcla de queso sobre cada pollo crujiente y sirva inmediatamente.

41.Pastel de calabaza Patatas fritas de coco

INGREDIENTES:
- 2 cucharadas de aceite de coco
- ½ cucharadita de extracto de vainilla
- ½ cucharadita de especias para pastel de calabaza
- 1 cucharada de eritritol granulado
- 2 tazas de hojuelas de coco sin azúcar
- ⅛ cucharadita de sal

INSTRUCCIONES:

a) Precalienta el horno a 350°F.

b) Coloque el aceite de coco en un recipiente mediano apto para microondas y cocine en el microondas hasta que se derrita, aproximadamente 20 segundos. Agregue el extracto de vainilla, las especias para pastel de calabaza y el eritritol granulado al aceite de coco y revuelva hasta que se combinen.

c) Coloque las hojuelas de coco en un tazón mediano, vierta la mezcla de aceite de coco sobre ellas y revuelva para cubrir. Extienda en una sola capa sobre una bandeja para hornear y espolvoree con sal.

d) Hornea por 5 minutos o hasta que el coco esté crujiente.

42. Patatas fritas de coco y caramelo

INGREDIENTES:
- 1½ tazas de harina para todo uso
- ½ cucharadita de bicarbonato de sodio
- ½ taza de mantequilla o manteca
- ½ taza de azúcar moreno bien compactado
- 1 paquete de mezcla para pudín de caramelo
- 1 huevo
- ½ taza de coco rallado

INSTRUCCIONES:

a) Mezclar la harina con bicarbonato de sodio. Batir la mantequilla y agregar el azúcar y la mezcla para pudín.

b) Agrega el huevo y mezcla bien. agregue la mezcla de harina.

c) Forme bolitas pequeñas de aproximadamente 1 pulgada de diámetro. Enrollar en coco.

d) Colocar en bandejas para horno sin engrasar y presionar con el fondo del vaso bañado en harina.

e) Hornee a 350 grados F durante 10 minutos.

f) Retirar de las hojas y dejar enfriar sobre rejillas.

43.Patatas fritas de queso ahumado

INGREDIENTES:
- 2 tazas de queso cheddar rallado
- 1 taza de parmesano rallado
- Un puñado de microvegetales arcoíris
- ½ cucharadita de pimentón ahumado

INSTRUCCIONES:

a) Mezclar los quesos con el pimentón hasta que estén bien mezclados.

b) Coloque cantidades de ¼ de taza en placas para gofres y cocine durante 5 minutos o hasta que estén doradas y crujientes.

c) Saque las patatas fritas del horno y colóquelas sobre el dorso de una cuchara de madera durante 10 segundos; se reafirmarán a medida que se enrollen.

d) Repetir con el resto de la mezcla.

e) Sirva con microgreens.

44. Patatas fritas de calabacín y parmesano

INGREDIENTES:
- 1 calabacín, en rodajas
- ½ taza de queso parmesano rallado

INSTRUCCIONES:
a) Precaliente la freidora a 370 °F.
b) Coloque rodajas de calabacín en la freidora en una sola capa.
c) Agrega una capa de queso parmesano sobre las rodajas de calabacín.
d) Freidora al aire durante 10 minutos.
e) Sirva con su salsa favorita.

45.Patatas fritas con pimentón picante

INGREDIENTES:
- 4 patatas grandes
- 2 cucharadas de aceite de oliva
- 1 cucharadita de pimentón
- ½ cucharadita de pimienta de cayena (ajustar según preferencia de especias)
- ½ cucharadita de sal

INSTRUCCIONES:

a) Precalienta el horno a 375°F (190°C).

b) Lavar y pelar las patatas.

c) Cortar las patatas en rodajas finas con una mandolina o un cuchillo afilado.

d) En un bol, combine el aceite de oliva, el pimentón, la pimienta de cayena y la sal.

e) Mezcle las rodajas de papa en la mezcla de especias hasta que estén bien cubiertas.

f) Coloca las rodajas de papa en una bandeja para hornear forrada con papel pergamino.

g) Hornee durante 15-20 minutos o hasta que estén crujientes y ligeramente dorados.

h) Deje que las patatas fritas se enfríen antes de servir.

46.Patatas fritas con romero y parmesano

INGREDIENTES:
- 4 patatas grandes
- 2 cucharadas de aceite de oliva
- 2 cucharadas de queso parmesano rallado
- 1 cucharada de romero fresco, picado
- ½ cucharadita de sal
- ¼ cucharadita de pimienta negra

INSTRUCCIONES:

Precalienta el horno a 375°F (190°C).
Lavar y pelar las patatas.
Cortar las patatas en rodajas finas con una mandolina o un cuchillo afilado.
En un bol, combine el aceite de oliva, el queso parmesano, el romero, la sal y la pimienta negra.
Agrega las rodajas de papa a la mezcla hasta que estén bien cubiertas.
Coloque las rodajas de papa en una bandeja para hornear forrada con papel pergamino.
Hornee durante 15-20 minutos o hasta que estén crujientes y doradas.
Deje que las patatas fritas se enfríen antes de servir.

47.Patatas fritas de batata BBQ

INGREDIENTES:
- 2 batatas medianas
- 2 cucharadas de aceite de oliva
- 1 cucharada de condimento para barbacoa
- ½ cucharadita de sal

INSTRUCCIONES:

Precalienta el horno a 375°F (190°C).

Lavar y pelar los boniatos.

Cortar las batatas en rodajas finas con una mandolina o un cuchillo afilado.

En un tazón, combine el aceite de oliva, el condimento para barbacoa y la sal.

Mezcle las rodajas de batata en la mezcla hasta que estén bien cubiertas.

Coloca las rodajas de camote en una bandeja para hornear forrada con papel pergamino.

Hornee durante 15-20 minutos o hasta que estén crujientes y ligeramente caramelizados.

Deje que las patatas fritas se enfríen antes de servir.

48.Patatas fritas de calabacín con ajo y hierbas

INGREDIENTES:
- 2 calabacines medianos
- 2 cucharadas de aceite de oliva
- 2 dientes de ajo, picados
- 1 cucharadita de albahaca seca
- ½ cucharadita de orégano seco
- ½ cucharadita de sal
- ¼ cucharadita de pimienta negra

INSTRUCCIONES:

Precalienta el horno a 375°F (190°C).

Lavar y cortar en rodajas finas los calabacines con una mandolina o un cuchillo afilado.

En un tazón, combine el aceite de oliva, el ajo picado, la albahaca seca, el orégano seco, la sal y la pimienta negra.

Agrega las rodajas de calabacín a la mezcla hasta que estén bien cubiertas.

Coloca las rodajas de calabacín en una bandeja para hornear forrada con papel pergamino.

Hornee durante 12-15 minutos o hasta que los bordes estén dorados y crujientes.

Deje que las patatas fritas se enfríen antes de servir.

49. Patatas fritas de remolacha con hierbas y parmesano

INGREDIENTES:
- 2 remolachas medianas
- 2 cucharadas de aceite de oliva
- 2 cucharadas de queso parmesano rallado
- ½ cucharadita de tomillo seco
- ½ cucharadita de sal
- ¼ cucharadita de pimienta negra

INSTRUCCIONES:
Precalienta el horno a 375°F (190°C).
Lavar y pelar las remolachas.
Cortar las remolachas en rodajas finas con una mandolina o un cuchillo afilado.
En un bol, combine el aceite de oliva, el queso parmesano, el tomillo seco, la sal y la pimienta negra.
Agrega las rodajas de remolacha a la mezcla hasta que estén bien cubiertas.
Coloque las rodajas de remolacha en una bandeja para hornear forrada con papel pergamino.
Hornee durante 15-20 minutos o hasta que estén crujientes y ligeramente caramelizados.
Deje que las patatas fritas se enfríen antes de servir.

50.Patatas fritas de tortilla para tacos picantes

INGREDIENTES:
- 4 tortillas de harina grandes
- 2 cucharadas de aceite de oliva
- 1 cucharada de condimento para tacos
- ½ cucharadita de chile en polvo
- ¼ de cucharadita de pimienta de cayena (ajustar según preferencia de especias)
- ½ cucharadita de sal

INSTRUCCIONES:

Precalienta el horno a 375°F (190°C).

Apila las tortillas una encima de la otra y córtalas en gajos.

En un tazón, combine el aceite de oliva, el condimento para tacos, el chile en polvo, la pimienta de cayena y la sal.

Mezcle los trozos de tortilla en la mezcla de especias hasta que estén bien cubiertos.

Coloque los trozos de tortilla en una bandeja para hornear forrada con papel pergamino.

Hornee durante 10-12 minutos o hasta que estén crujientes y doradas.

Deje que las patatas fritas se enfríen antes de servir.

51. Patatas fritas de pretzel con miel y mostaza

INGREDIENTES:
- 4 tazas de palitos de pretzel
- 3 cucharadas de mantequilla derretida
- 2 cucharadas de miel
- 2 cucharadas de mostaza Dijon
- ½ cucharadita de ajo en polvo
- ½ cucharadita de cebolla en polvo
- ¼ cucharadita de sal

INSTRUCCIONES:

Precalienta el horno a 325°F (160°C).

En un tazón grande, combine la mantequilla derretida, la miel, la mostaza de Dijon, el ajo en polvo, la cebolla en polvo y la sal.

Agregue los palitos de pretzel al tazón y revuelva hasta que estén cubiertos uniformemente.

Extienda los palitos de pretzel en una sola capa sobre una bandeja para hornear forrada con papel pergamino.

Hornee durante 15 a 20 minutos, revolviendo una vez a la mitad, hasta que los pretzels estén crujientes y dorados.

Deje que las patatas fritas se enfríen por completo antes de servir.

52. Patatas fritas de pita con limón y pimienta

INGREDIENTES:
- 4 rondas de pan pita
- 2 cucharadas de aceite de oliva
- Ralladura de 1 limón
- 1 cucharadita de pimienta negra
- ½ cucharadita de sal

INSTRUCCIONES:
a) Precalienta el horno a 375°F (190°C).
b) Corta las rodajas de pan de pita en triángulos pequeños o en las formas deseadas.
c) En un tazón pequeño, combine el aceite de oliva, la ralladura de limón, la pimienta negra y la sal.
d) Unte ambos lados de los triángulos de pita con la mezcla de aceite de oliva.
e) Coloca los triángulos de pita en una bandeja para hornear forrada con papel pergamino.
f) Hornee durante 10-12 minutos o hasta que estén crujientes y ligeramente dorados.
g) Deje que las patatas fritas se enfríen antes de servir.

53.Patatas fritas de calabaza, canela y arce

INGREDIENTES:
- 1 calabaza pequeña
- 2 cucharadas de mantequilla derretida
- 2 cucharadas de jarabe de arce
- 1 cucharadita de canela molida
- ½ cucharadita de sal

INSTRUCCIONES:

a) Precalienta el horno a 375°F (190°C).

b) Pelar la calabaza y quitarle las semillas. Cortarlo en rodajas finas con una mandolina o un cuchillo afilado.

c) En un tazón, combine la mantequilla derretida, el jarabe de arce, la canela molida y la sal.

d) Mezcle las rodajas de calabaza en la mezcla hasta que estén bien cubiertas.

e) Coloque las rodajas de calabaza en una bandeja para hornear forrada con papel pergamino.

f) Hornee durante 20-25 minutos o hasta que estén crujientes y caramelizados.

g) Deje que las patatas fritas de calabaza se enfríen por completo antes de servir.

54.Patatas fritas de papel de arroz con sésamo y jengibre

INGREDIENTES:
- 10 hojas de papel de arroz
- 2 cucharadas de aceite de sésamo
- 1 cucharada de salsa de soja
- 1 cucharada de vinagre de arroz
- 1 cucharadita de jengibre rallado
- ½ cucharadita de sal
- Semillas de sésamo para decorar

INSTRUCCIONES:
a) Precalienta el horno a 375°F (190°C).
b) Corta las hojas de papel de arroz en triángulos o en las formas deseadas.
c) En un bol, combine el aceite de sésamo, la salsa de soja, el vinagre de arroz, el jengibre rallado y la sal.
d) Cepille ligeramente ambos lados de los triángulos de papel de arroz con la mezcla de aceite.
e) Coloca los triángulos de papel de arroz en una bandeja para hornear forrada con papel pergamino.
f) Espolvorea semillas de sésamo encima para decorar.
g) Hornee durante 8-10 minutos o hasta que las patatas fritas estén crujientes y ligeramente doradas.
h) Deje que las patatas fritas se enfríen antes de servir.

55.Patatas fritas de plátano bañadas en chocolate

INGREDIENTES:
- 2 plátanos maduros
- 4 onzas de chocolate amargo, picado
- Coberturas variadas (p. ej., nueces picadas, coco rallado, chispas)

INSTRUCCIONES:
a) Cubra una bandeja para hornear con papel pergamino.
b) Pela los plátanos y córtalos en rodajas finas.
c) Coloque las rodajas de plátano en la bandeja para hornear preparada.
d) En un recipiente apto para microondas, derrita el chocolate amargo en intervalos de 30 segundos, revolviendo entre tanto, hasta que quede suave y completamente derretido.
e) Sumerja cada rodaja de plátano hasta la mitad en el chocolate derretido, dejando que escurra el exceso.
f) Vuelva a colocar las rodajas de plátano bañadas en la bandeja para hornear forrada con papel pergamino.
g) Espolvorea los ingredientes deseados sobre la parte bañada en chocolate de las rodajas de plátano.
h) Coloca la bandeja para hornear en el refrigerador durante 20-30 minutos o hasta que el chocolate se haya endurecido.
i) Una vez que el chocolate esté cuajado, saca las patatas fritas de plátano del frigorífico.
j) ¡Servir y disfrutar!

56.Patatas fritas con tocino y mostaza

INGREDIENTES:
- 7 lonchas de tocino magro
- ½ taza de agua
- ¼ de taza de mostaza estilo Dijon
- 2 tazas de harina para todo uso
- ½ cucharadita de sal
- 1 cucharada de polvo para hornear
- 1 cucharadita de pimienta blanca recién molida
- 6 cucharadas de mantequilla fría; cortar en 6 pedazos

INSTRUCCIONES:

a) Cocine el tocino en una sartén grande hasta que esté crujiente. Colóquelas sobre toallas de papel para escurrir y reserve 2 cucharadas de grasa de tocino. Pica finamente el tocino.

b) En un procesador de alimentos equipado con una cuchilla de metal, combine agua, mostaza y 2 cucharadas de grasa de tocino. Procese hasta que esté mezclado.

c) En un procesador de alimentos equipado con una cuchilla de metal, combine la harina, la sal, el polvo para hornear y la pimienta blanca. El proceso para combinar. Agrega la mantequilla; pulsa hasta que la mezcla parezca una comida gruesa. Agregue la mezcla de mostaza y presione hasta que esté mezclado. Agregue el tocino y presione una o dos veces, lo suficiente para mezclarlo con el tocino.

d) Coloque la mezcla sobre una superficie de trabajo ligeramente enharinada. Con un rodillo enharinado, extienda la masa hasta que tenga un grosor de ⅛ de pulgada. Sumerja un cortador redondo de 2 pulgadas en harina y presiónelo hasta formar la masa. Coloque las rondas en 2 bandejas para hornear sin engrasar. Reúna los restos, extiéndalos y continúe recortando tantas rondas como sea posible.

e) Hornee en horno precalentado durante 10-12 minutos o hasta que esté dorado. Transfiera a rejillas para enfriar.

57.Patatas fritas de semillas de benne

INGREDIENTES:
- 1 taza de harina de maíz amarilla
- 2 cucharadas de Mantequilla; Derretido
- ½ taza de harina para todo uso; tamizado
- ⅓ taza de crema
- semillas de sésamo
- ½ cucharadita de sal
- ¼ cucharadita de bicarbonato de sodio

INSTRUCCIONES:

a) Precalienta el horno a 350 grados.

b) Tamizar en un bol la harina de maíz junto con la harina, la sal y el bicarbonato.

c) Incorpora la mantequilla y la nata.

d) Amasar la masa hasta que se una (6 a 8 veces) sobre una tabla enharinada.

e) Enrolle la masa una cucharadita sobre la tabla enharinada.

f) Espolvorea con semillas de sésamo.

g) Enrolle en rondas muy finas de 4" de diámetro, dejando los bordes irregulares.

h) Hornee en una bandeja para hornear sin engrasar hasta que esté dorado (aproximadamente 15 minutos).

i) Espolvorea con sal mientras aún está caliente.

j) Almacenar en un recipiente hermético. Combina bien con cócteles y sopas de mariscos.

58.Patatas fritas de queso alcaravea

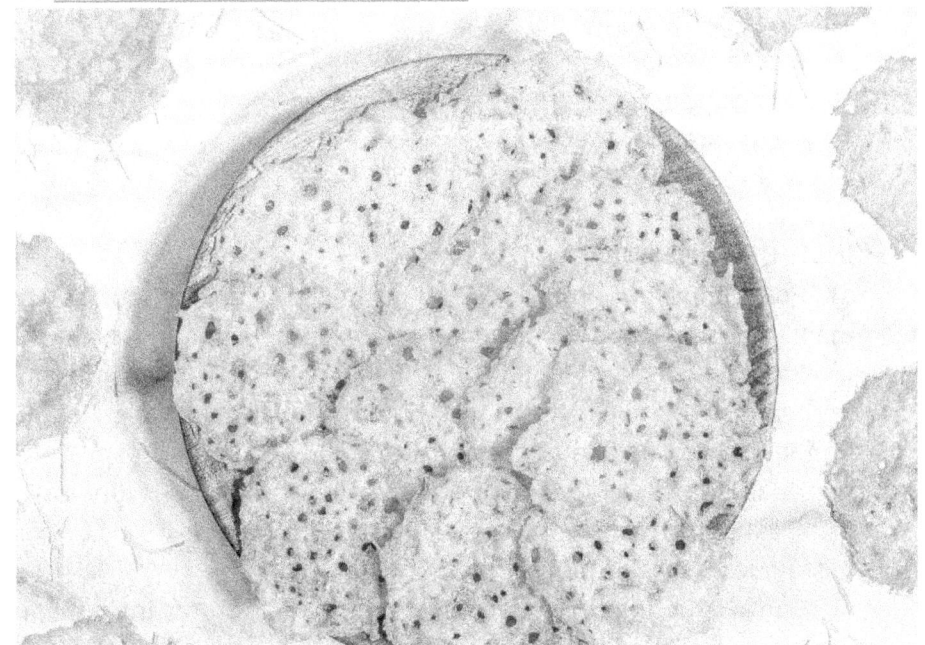

INGREDIENTES:
- 1½ tazas de harina para todo uso
- ½ taza de mantequilla, ablandada
- ½ cucharadita de semillas de alcaravea
- ¼ cucharadita de sal
- ¾ libras de queso cheddar, rallado

INSTRUCCIONES:

a) Precaliente el horno a 425°F. En un tazón grande, amase con la mano todos los ingredientes hasta que se mezclen.

b) Forme bolas de ½ pulgada con la masa. En una bandeja para hornear galletas sin engrasar, coloque tres bolas de masa en un grupo. Con los dedos, aplane el racimo hasta que tenga un grosor de ¼ de pulgada. Repita con las bolas restantes, colocando grupos a una distancia de aproximadamente 2 pulgadas. Hornee de 10 a 12 minutos hasta que esté ligeramente dorado.

c) Con la espátula para panqueques, retire las patatas fritas de queso y colóquelas en rejillas; Frío.

d) Guarde las patatas fritas de queso en recipientes bien tapados para consumirlas en 3 días.

59.Patatas fritas de avena y sésamo

INGREDIENTES:
- ½ taza de mantequilla
- 1 taza de azúcar morena, envasada
- 1 cucharadita de vainilla
- 1½ tazas de copos de avena
- ½ taza de semillas de sésamo
- ½ cucharadita de polvo para hornear

INSTRUCCIONES:
a) En una cacerola a fuego medio, derrita la mantequilla.
b) Agregue el azúcar y la vainilla y cocine hasta que burbujee.
c) Retire del fuego y agregue los ingredientes restantes. Mezclar bien.
d) Vierta en un molde engrasado de 12x8 pulgadas y hornee a 350F durante 7-10 minutos o hasta que esté dorado.
e) Cuando esté frío, córtelo en trozos del tamaño deseado.

60.Patatas fritas de piñones

INGREDIENTES:
- 1 taza de azúcar granulada
- ½ taza de harina
- 6 claras de huevo
- 1 cucharadita de vainilla
- ⅛ cucharadita de extracto de naranja
- 2 cucharadas de mantequilla, derretida
- ¾ taza de piñones
- Azúcar en polvo

INSTRUCCIONES:
a) Combine el azúcar granulada, la harina y las claras de huevo sin batir. Revuelva para mezclar.
b) Agrega la vainilla, el extracto de naranja y la mantequilla.
c) Incorporar los piñones.
d) Coloque cucharadas en bandejas para hornear ligeramente untadas con mantequilla.
e) Extienda la masa en círculos de 3".
f) Hornee 3 o 4 a la vez en una bandeja para hornear grande.
g) Hornee a 350'F. 8-10 minutos o hasta que se dore.
h) Retirar a una rejilla para que se enfríe. Espolvorea con azúcar glass al gusto.

61.Patatas fritas con cáscara

INGREDIENTES:
- Cáscaras horneadas; patatas crudas o hervidas
- Mantequilla sin sal
- Sal y pimienta

INSTRUCCIONES:

a) Reserve las cáscaras de las patatas horneadas, crudas o hervidas y córtelas en tiras de 3 por 1 pulgada.

b) Coloque las tiras en una capa en una fuente para horno untada con mantequilla, salpíquelas con mantequilla sin sal, usando 1 cucharada por cada taza de cáscaras, y espolvoréelas con sal y pimienta.

c) Hornea las cáscaras en horno precalentado muy caliente (450 grados) durante 5 a 25 minutos, según el tipo de cáscara, o hasta que estén bien crujientes.

d) Transfiera las cáscaras a una canasta, espolvoree con sal y pimienta si lo desea y sirva como entremés.

62.Patatas fritas

INGREDIENTES:
- 12 pieles redondas de adhesivos decorativos

INSTRUCCIONES:

a) Una a la vez, sumerja las pieles de los pegajosos en agua; sacudir el exceso.

b) Colóquelo en una sola capa sobre una bandeja para hornear engrasada de 12x15".

c) Hornee a 450'F. Hornee hasta que esté dorado y crujiente, de 4 a 8 minutos, dependiendo del grosor. Dejar enfriar sobre rejillas.

d) Si se prepara con anticipación, empaquete herméticamente y guárdelo a temperatura ambiente por hasta 2 días.

63.patatas fritas de levadura

INGREDIENTES:
- 1 paquete de levadura
- ⅓ taza de agua tibia
- 1 taza de margarina, ablandada
- ⅛ cucharadita de sal
- 2 tazas de harina
- 1 taza de azúcar

INSTRUCCIONES:

a) Mezcla la levadura, el agua tibia, la margarina, la sal y la harina.

b) Enfriar durante 1 hora. Forme bolitas de 1 pulgada de diámetro y enróllelas en azúcar. Colóquelos en una cacerola poco profunda y déjelos enfriar durante 30 minutos.

c) Extienda cada bola tan fina como papel y luego córtela por la mitad en forma transversal.

d) Deje reposar 30 segundos y hornee en un horno a 350 F hasta que esté dorado.

64.patatas fritas

INGREDIENTES:
- 4 onzas de Brie; a temperatura ambiente
- ½ taza de Mantequilla; a temperatura ambiente
- ⅔ taza de harina
- 2 pizcas de pimienta de Cayena; probar
- ⅛ cucharadita de sal
- Pimenton

INSTRUCCIONES:

a) Combine la mantequilla y el queso en el procesador de alimentos y mezcle hasta que quede cremoso.

b) Agrega los ingredientes restantes y licúa hasta que la masa casi forme una bola en el procesador de alimentos.

c) Forme un rollo de 2 pulgadas de diámetro y envuélvalo bien en una envoltura de plástico.

d) Refrigere durante la noche. Corte los rollos en trozos de ¼ de pulgada; colóquelos a 2 pulgadas de distancia en una bandeja para hornear y hornee a 400 grados durante 10 a 12 minutos o hasta que los bordes estén dorados.

e) Dejar enfriar sobre una rejilla.

f) Espolvorea con pimentón y sirve inmediatamente.

ME LO PIDO

65. Dip de pollo Buffalo

INGREDIENTES:
- 2 tazas de pollo cocido desmenuzado
- 8 onzas de queso crema, ablandado
- ½ taza de salsa picante
- ½ taza de aderezo ranch
- 1 taza de queso cheddar rallado
- ¼ de taza de queso azul desmenuzado (opcional)
- Chips de tortilla o palitos de apio, para servir

INSTRUCCIONES:

a) Precalienta el horno a 350°F.

b) En un tazón grande, combine el pollo desmenuzado, el queso crema, la salsa picante y el aderezo ranch. Revuelva hasta que esté bien combinado.

c) Extienda la mezcla en una fuente para hornear de 9 pulgadas y espolvoree con queso cheddar rallado y queso azul desmenuzado (si lo usa).

d) Hornee durante 20-25 minutos o hasta que esté caliente y burbujeante.

e) Sirva caliente con totopos o palitos de apio.

66. Baba Ganoush alcalino

INGREDIENTES:
- 1 berenjena grande
- Un puñado de perejil
- 1-2 dientes de ajo
- Jugo de 2 limones
- 2 cucharadas de tahini
- Sal y pimienta negra al gusto

INSTRUCCIONES:

a) Precalienta la parrilla a fuego medio-alto y cocina la berenjena entera durante aproximadamente media hora.

b) Córtelo y quítele el interior con una cuchara, luego coloque la pulpa en un colador.

c) Mezclar hasta que esté suave.

67.Hummus de calabacín y garbanzos

INGREDIENTES:
- 1 lata de garbanzos, escurridos y enjuagados
- 1 diente de ajo, picado
- 1 calabacín verde, picado
- Un puñado de perejil picado
- Un puñado de albahaca picada
- Sal del Himalaya o marina
- Pimienta negra recién molida
- 4 cucharadas de aceite de oliva
- Un chorrito de jugo de limón fresco

INSTRUCCIONES:
a) Licúa todo.

68. Hummus de garbanzos al limón y tahini

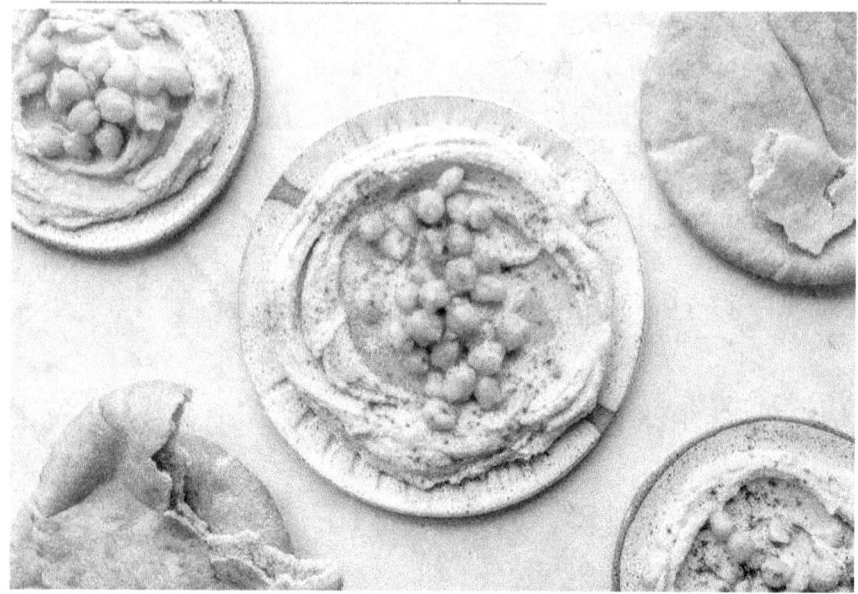

INGREDIENTES:
- Jugo de limón de ½ limón
- 1 lata de garbanzos secos, remojados
- 1 diente de ajo
- 1 cucharada de tahini
- 1 cucharada de aceite de oliva

INSTRUCCIONES:
a) Licúa todo hasta que quede suave.

69. Hummus de garbanzos al ajillo

INGREDIENTES:
- 2 dientes de ajo
- 1 lata de garbanzos
- 1 cucharada de tahini
- Jugo de limón de 1 limón
- 1 cucharada de aceite de oliva

INSTRUCCIONES:
a) En un tazón, mezcle todos los ingredientes.

70. Dip picante de calabaza y queso crema

INGREDIENTES:
- 8 onzas de queso crema
- 15 onzas de calabaza enlatada sin azúcar
- 1 cucharadita de canela
- ¼ cucharadita de pimienta de Jamaica
- ¼ cucharadita de nuez moscada
- 10 nueces, trituradas

INSTRUCCIONES:

a) Batir el queso crema y la calabaza enlatada en una batidora hasta que quede cremoso.

b) Agregue la canela, la pimienta de Jamaica, la nuez moscada y las nueces hasta que estén bien combinados.

c) Antes de servir, enfriar durante una hora en el frigorífico.

71. Dip de queso crema y miel

INGREDIENTES:
- 2 onzas de queso crema
- 2 cucharadas de miel
- ¼ de taza de jugo de naranja exprimido
- ½ cucharadita de canela molida

INSTRUCCIONES:
a) Licúa todo hasta que quede suave.

72.Guacamole alcalino con ajo

INGREDIENTES:
- 2 aguacates, sin hueso
- 1 tomate, sin semillas y finamente picado
- ½ cucharada de jugo de limón fresco
- ½ cebolla amarilla pequeña, finamente picada
- 2 dientes de ajo, prensados
- ¼ de cucharadita de sal marina
- pizca de pimienta
- Hoja de cilantro fresco picado

INSTRUCCIONES:

a) Con un machacador de papas, triture los aguacates en un tazón pequeño.

b) Sirva inmediatamente después de mezclar los ingredientes adicionales con el puré de aguacate.

73. Salsa Alcalina De Jalapeño

INGREDIENTES:
- 4 tomates medianos, pelados y cortados en cubitos
- ¼ de taza de cebolla morada picada
- Chile jalapeño, sin semillas y finamente picado
- 1 cucharada de aceite de oliva prensado en frío
- 1 cucharadita de sal marina
- 1 cucharadita de comino
- 1 cucharadita de ajo picado
- Perejil fresco

INSTRUCCIONES:
a) Licúa todos los ingredientes.

74. Dip/untado de fiesta bávara

INGREDIENTES:
- ½ taza de cebollas picadas
- 1 libra de Braunschweiger
- 3 onzas de queso crema
- ¼ cucharadita de pimienta negra

INSTRUCCIONES:

a) Saltee las cebollas durante 8 a 10 minutos, revolviendo con frecuencia; Retirar del fuego y escurrir.

b) Retire la tripa del Braunschweiger y mezcle la carne con el queso crema hasta que quede suave. Incorpora la cebolla y el pimiento.

c) Sirva como hígado untado sobre galletas saladas, centeno en rodajas finas o sírvalo como salsa acompañado de una variedad de vegetales frescos crudos como zanahorias, apio, brócoli, rábanos, coliflor o tomates cherry.

75.Salsa de fiesta de alcachofas al horno

INGREDIENTES:
- 1 hogaza grande de pan de centeno oscuro
- 2 cucharadas de mantequilla
- 1 manojo de cebollas verdes; Cortado
- 6 dientes de ajo fresco; picado finamente, hasta 8
- 8 onzas de queso crema; a temperatura ambiente.
- 16 onzas de crema agria
- 12 onzas de queso cheddar rallado
- lata de 14 onzas de corazones de alcachofa; escurrido y cortado en cuartos

INSTRUCCIONES:
a) Haga un agujero en la parte superior de la barra de pan de aproximadamente 5 pulgadas de diámetro. Retire el pan blando de la porción cortada y deséchelo.
b) Reserve la masa para hacer la parte superior de un pan.
c) Saque la mayor parte de la parte interior blanda del pan y guárdela para otros fines, como relleno o pan rallado seco. En la mantequilla,
d) Saltee las cebollas verdes y el ajo hasta que se ablanden. Corta el queso crema en trozos pequeños y agrega la cebolla, el ajo, la crema agria y el queso cheddar. Mezclar bien. Incorporar los corazones de alcachofa y convertir toda esta mezcla en pan ahuecado. Coloque la parte superior sobre el pan y envuélvalo en papel de aluminio resistente. Hornee en un horno a 350 grados durante 1½ horas.
e) Cuando esté listo, retire el papel de aluminio y sirva, usando pan de centeno cóctel para mojar la salsa.

76.Salsa De Queso De Ladrillo

INGREDIENTES:
- 3 onzas de queso ricota
- 3 onzas de queso brick recién rallado
- 3 cucharadas de hojas frescas de tomillo
- 6 onzas de queso de cabra
- 1 onza de queso duro parmesano, recién rallado
- 4 tiras de tocino cortado grueso, cocido y desmenuzado
- Sal y pimienta para probar

INSTRUCCIONES:
a) Prepare el horno para asar.
b) Combine todos los ingredientes en una fuente para horno.
c) Espolvorea el queso parmesano sobre el plato.
d) Hornee en horno precalentado durante 5 minutos, o hasta que el queso comience a dorarse y burbujear.
e) Retirar del horno y servir inmediatamente.

77. Dip de queso azul y queso gouda

INGREDIENTES:
- 2 cucharadas de mantequilla sin sal
- 1 taza de cebolla dulce, picada
- 2 tazas de queso crema, a temperatura ambiente
- ⅛ cucharadita de sal
- ⅛ cucharadita de pimienta blanca
- ⅓ taza de bocadillos fríos Montucky
- 1 ½ tazas de pollo falso picado
- ½ taza de mostaza con miel y más para rociar
- 2 cucharadas de aderezo ranch
- 1 taza de queso cheddar rallado
- 2 tazas de queso gouda, rallado
- 2 cucharadas de aderezo de queso azul
- ⅓ taza de queso azul desmenuzado, y más para cubrir
- ¾ taza de salsa BBQ con miel y más para rociar

INSTRUCCIONES:
a) En una sartén grande, derrita la mantequilla a fuego lento.
b) Agrega las cebollas picadas y sazona con sal y pimienta.
c) Cocine durante 5 minutos o hasta que se ablanden un poco.
d) Cocine, revolviendo frecuentemente, hasta que las cebollas se caramelicen, aproximadamente de 25 a 30 minutos.
e) Precalienta el horno a 375° F.
f) Cubra una fuente para hornear de 9 pulgadas con aceite en aerosol antiadherente.
g) Combine el queso crema, todo el queso, la salsa BBQ, la mostaza con miel, el aderezo ranch y el queso azul en un tazón grande para mezclar.
h) Agrega las cebollas caramelizadas y el pollo falso.
i) Coloque la masa en una fuente para horno.
j) Adorne con el queso restante.
k) Hornee la salsa durante 20 a 25 minutos o hasta que esté dorada.
l) Servir inmediatamente.

78.Salsa de queso para pub

INGREDIENTES:
- 3 cucharadas de chiles jalapeños encurtidos, picados en trozos grandes
- 1 taza de sidra dura
- ⅛ cucharadita de pimiento rojo molido
- 2 tazas de queso cheddar amarillo extra fuerte rallado
- 2 tazas de queso Colby rallado
- 2 cucharadas de maicena
- 1 cucharada de mostaza Dijon
- 60 galletas

INSTRUCCIONES:
a) En un tazón mediano, combine el queso cheddar, el queso Colby y la maicena. Dejar a un lado.
b) En una cacerola mediana, combine la sidra y la mostaza.
c) Cocine hasta que hierva a fuego medio-alto.
d) Incorpora lentamente la mezcla de queso, poco a poco, hasta que quede suave.
e) Apaga el fuego.
f) Agregue el jalapeño y los pimientos rojos.
g) Coloque la mezcla en una olla de cocción lenta o en una olla para fondue de 1 cuarto de galón.
h) Mantener caliente a fuego lento.
i) Sirva junto con galletas saladas.

79. salsa de maíz picante

INGREDIENTES:
- 1 cucharada de aceite de oliva virgen extra
- ½ libra de salchicha italiana picante
- 1 cebolla morada mediana, picada
- 1 pimiento rojo grande, cortado en cubitos
- 1 taza de crema agria
- 4 onzas de queso crema, a temperatura ambiente
- 4 tazas de maíz congelado, descongelado
- ½ taza de cebollas verdes picadas
- 1 jalapeño grande, cortado en cubitos
- 4 dientes de ajo, picados
- 1 cucharada de cilantro picado
- 2 cucharaditas de condimento criollo
- 1 cucharadita de pimienta negra molida
- 1 taza de queso cheddar fuerte rallado, cantidad dividida
- 1 taza de queso Colby Jack rallado, cantidad dividida
- Aceite vegetal, para engrasar

INSTRUCCIONES:
a) Precalienta el horno a 350 grados F.

b) En una sartén grande a fuego medio, calienta el aceite. Agrega la salchicha italiana y cocina hasta que se dore. Agregue las cebollas y los pimientos morrones. Cocine hasta que se ablanden.

c) Agrega la crema agria y el queso crema. Revuelva hasta que esté bien combinado, luego agregue el maíz, la cebolla verde, el jalapeño, el ajo y el cilantro. Continúe revolviendo los ingredientes hasta que todo esté bien incorporado. Espolvorea el condimento criollo, la pimienta negra, ½ taza de queso cheddar y ½ taza de queso Colby Jack. Mezclar bien.

d) Engrase ligeramente una fuente para horno y luego agregue la mezcla de maíz. Cubra con el queso restante y hornee, sin tapar, durante 20 minutos. Deje enfriar un poco antes de servir.

80. Salsa para pizza baja en carbohidratos

INGREDIENTES:
- 6 onzas de queso crema calentado en el microondas
- ¼ taza de crema agria
- ½ taza de queso mozzarella, rallado
- Sal y pimienta para probar
- ¼ taza de mayonesa
- ½ taza de queso mozzarella, rallado
- ½ taza de salsa de tomate baja en carbohidratos
- ¼ taza de queso parmesano

INSTRUCCIONES:
a) Precalienta el horno a 350 grados Fahrenheit.
b) Mezclar el queso crema, la crema agria, la mayonesa, la mozzarella, la sal y la pimienta.
c) Vierta en moldes y esparza salsa de tomate sobre cada molde, así como queso mozzarella y queso parmesano.
d) Cubra sus salsas para pizza con sus ingredientes favoritos.
e) Hornee por 20 minutos.
f) ¡Sirva junto con unos sabrosos palitos de pan o chicharrones!

81. Salsa de rangoon de cangrejo

INGREDIENTES:
- 1 paquete (8 onzas) de queso crema, ablandado
- 2 cucharadas de mayonesa de aceite de oliva
- 1 cucharada de jugo de limón recién exprimido
- ½ cucharadita de sal marina
- ¼ cucharadita de pimienta negra
- 2 dientes de ajo, picados
- 2 cebollas verdes medianas, picadas
- ½ taza de queso parmesano rallado
- 4 onzas (aproximadamente ½ taza) de carne de cangrejo blanco enlatada

INSTRUCCIONES:

a) Precalienta el horno a 350°F.

b) En un tazón mediano, mezcle el queso crema, la mayonesa, el jugo de limón, la sal y la pimienta con una batidora de mano hasta que estén bien incorporados.

c) Agregue el ajo, la cebolla, el queso parmesano y la carne de cangrejo e incorpore a la mezcla con una espátula.

d) Transfiera la mezcla a una vasija apta para horno y extiéndala uniformemente.

e) Hornee durante 30 a 35 minutos hasta que la parte superior de la salsa esté ligeramente dorada. Servir caliente.

82. Guacamole De Queso De Cabra

INGREDIENTES:
- 2 aguacates
- 3 onzas de queso de cabra
- ralladura de 2 limas
- jugo de limón de 2 limas
- ¾ cucharadita de ajo en polvo
- ¾ cucharadita de cebolla en polvo
- ½ cucharadita de sal
- ¼ de cucharadita de hojuelas de pimiento rojo (opcional)
- ¼ cucharadita de pimienta

INSTRUCCIONES:
a) Agregue los aguacates a un procesador de alimentos y mezcle hasta que quede suave.
b) Agrega el resto de los ingredientes y licua hasta incorporar.
c) Servir con patatas fritas.

83.Salsa ranchera

INGREDIENTES:
- 1 taza de mayonesa
- ½ taza de yogur griego natural
- 1½ cucharaditas de cebollino seco
- 1½ cucharaditas de perejil seco
- 1½ cucharaditas de eneldo seco
- ¾ cucharadita de ajo granulado
- ¾ cucharadita de cebolla granulada
- ½ cucharadita de sal
- ¼ cucharadita de pimienta negra

INSTRUCCIONES:
a) Combine todos los ingredientes en un tazón pequeño.
b) Dejar reposar en el frigorífico durante 30 minutos antes de servir.

84. Dip picante de camarones y queso

INGREDIENTES:
- 2 lonchas de tocino sin azúcar añadido
- 2 cebollas amarillas medianas, peladas y cortadas en cubitos
- 2 dientes de ajo, picados
- 1 taza de camarones palomitas de maíz (no del tipo empanizado), cocidos
- 1 tomate mediano, cortado en cubitos
- 3 tazas de queso Monterey jack rallado
- ¼ de cucharadita de salsa picante Frank's
- ¼ cucharadita de pimienta de cayena
- ¼ cucharadita de pimienta negra

INSTRUCCIONES:

a) Cocine el tocino en una sartén mediana a fuego medio hasta que esté crujiente, aproximadamente de 5 a 10 minutos. Mantenga la grasa en la sartén. Coloque el tocino sobre una toalla de papel para que se enfríe. Cuando esté frío, desmenuza el tocino con los dedos.

b) Agregue la cebolla y el ajo a la grasa del tocino en la sartén y saltee a fuego medio-bajo hasta que estén suaves y fragantes, aproximadamente 10 minutos.

c) Combine todos los ingredientes en una olla de cocción lenta; revuelva bien. Cocine tapado a temperatura baja durante 1 a 2 horas o hasta que el queso esté completamente derretido.

85. Salsa de ajo y tocino

INGREDIENTES:
- 8 lonchas de tocino sin azúcar añadido
- 2 tazas de espinacas picadas
- 1 paquete (8 onzas) de queso crema, ablandado
- ¼ de taza de crema agria entera
- ¼ de taza de yogur griego natural y entero
- 2 cucharadas de perejil fresco picado
- 1 cucharada de jugo de limón
- 6 dientes de ajo asado, machacados
- 1 cucharadita de sal
- ½ cucharadita de pimienta negra
- ½ taza de queso parmesano rallado

INSTRUCCIONES:

a) Precalienta el horno a 350°F.

b) Cocine el tocino en una sartén mediana a fuego medio hasta que esté crujiente. Retire el tocino de la sartén y déjelo a un lado en un plato forrado con toallas de papel.

c) Agregue las espinacas a la sartén caliente y cocine hasta que se ablanden. Retirar del fuego y dejar de lado.

d) En un tazón mediano, agregue el queso crema, la crema agria, el yogur, el perejil, el jugo de limón, el ajo, la sal y la pimienta y bata con una batidora de mano hasta que se combinen.

e) Pica el tocino en trozos grandes y revuélvelo con la mezcla de queso crema. Agregue las espinacas y el queso parmesano.

f) Transfiera a un molde para hornear de 8" × 8" y hornee por 30 minutos o hasta que esté caliente y burbujeante.

86. Salsa cremosa de pesto y queso de cabra

INGREDIENTES:
- 2 tazas de hojas de albahaca fresca empacadas
- ½ taza de queso parmesano rallado
- 8 onzas de queso de cabra
- 1 -2 cucharaditas de ajo picado
- ½ cucharadita de sal
- ½ taza de aceite de oliva

INSTRUCCIONES:

a) Mezcle la albahaca, el queso, el ajo y la sal en un procesador de alimentos o licuadora hasta que quede suave. Agregue aceite de oliva en un chorro uniforme y mezcle hasta que se combinen.

b) Servir inmediatamente o guardar en el frigorífico.

87. Súper salsa de pizza caliente

INGREDIENTES:
- Queso crema ablandado
- Mayonesa
- Queso mozzarella
- Albahaca
- Orégano
- Polvo de ajo
- Pepperoni
- Aceitunas negras
- Pimientos verdes

INSTRUCCIONES:

a) Agrega el queso crema ablandado, la mayonesa y un poco de queso mozzarella. Agregue una pizca de albahaca, orégano, perejil y ajo en polvo y revuelva hasta que esté bien combinado.

b) Rellénelo en su molde para pastel hondo y extiéndalo en una capa uniforme.

c) Unte la salsa para pizza encima y agregue sus ingredientes preferidos. Para este ejemplo, agregaremos queso mozzarella, pepperoni, aceitunas negras y pimientos verdes. Hornee a 350 por 20 minutos.

88. Dip de espinacas y alcachofas al horno

INGREDIENTES:
- Lata de 14 onzas de corazones de alcachofa, escurridos y picados
- 10 onzas de espinacas picadas congeladas y descongeladas
- 1 taza de mayonesa real
- 1 taza de queso parmesano rallado
- 1 diente de ajo prensado

INSTRUCCIONES:

a) Descongela las espinacas congeladas y luego exprímelas para secarlas con las manos.

b) Mezcle: alcachofa escurrida y picada, espinacas exprimidas, 1 taza de mayonesa, ¾ taza de queso parmesano, 1 diente de ajo prensado y transfiera a una cacerola o molde para pastel de 1 cuarto de galón.

c) Espolvorea el ¼ de taza restante de queso parmesano.

d) Hornee sin tapar durante 25 minutos a 350°F o hasta que esté completamente caliente. Sirva con sus crostini, papas fritas o galletas saladas favoritas.

89. Dip de alcachofa

INGREDIENTES:
- 2 tazas de corazones de alcachofa, picados
- 1 taza de mayonesa o mayonesa light
- 1 taza de parmesano rallado

INSTRUCCIONES:

a) Combine todos los ingredientes y coloque la mezcla en una fuente para horno engrasada. Hornee por 30 minutos a 350 °F.

b) Hornee la salsa hasta que esté ligeramente dorada y burbujeante por encima.

90. Dip cremoso de alcachofas

INGREDIENTES:
- 2 paquetes de 8 onzas de queso crema, temperatura ambiente
- ⅓ taza de crema agria
- ¼ taza de mayonesa
- 1 cucharada de jugo de limón
- 1 cucharada de mostaza Dijon
- 1 diente de ajo
- 1 cucharadita de salsa inglesa
- ½ cucharadita de salsa de pimiento picante
- 3 frascos de 6 onzas de corazones de alcachofa marinados, escurridos y picados
- 1 taza de queso mozzarella rallado
- 3 cebolletas
- 2 cucharaditas de jalapeño picado

INSTRUCCIONES:

a) Con una batidora eléctrica, bata los primeros 8 ingredientes en un tazón grande hasta que se mezclen. Incorpora las alcachofas, la mozzarella, las cebolletas y el jalapeño.

b) Transfiera a una fuente para hornear.

c) Precalienta el horno a 400 °F.

d) Hornee la salsa hasta que burbujee y se dore por encima, aproximadamente 20 minutos.

91. Dip de eneldo y queso crema

INGREDIENTES:
- 1 taza de yogur de soja natural
- 4 onzas de queso crema
- 1 cucharada de jugo de limón
- 2 cucharadas de cebollino seco
- 2 cucharadas de eneldo seco
- 1/2 cucharadita de sal marina
- pizca de pimienta

INSTRUCCIONES:
a) Licúa todo y refrigera por al menos una hora.

92.Dip de arroz salvaje y chile

INGREDIENTES:
- 12 onzas de lentejas cocidas
- ¼ taza de caldo de verduras sin levadura
- ¼ de taza de pimiento verde picado
- 1/2 diente de ajo, prensado
- 1 taza de tomates cortados en cubitos
- ¼ taza de cebolla picada
- 2 onzas de queso crema
- 1/2 cucharada de chile en polvo
- 1/2 cucharadita de comino
- ¼ de cucharadita de sal marina
- Pizca de pimentón
- 1/2 taza de arroz salvaje cocido

INSTRUCCIONES:

a) En una cacerola pequeña cuece las lentejas y el caldo de verduras.

b) Agrega la cebolla, el pimiento morrón, el ajo y los tomates y cocina por 8 minutos a fuego medio.

c) En una licuadora, combine el queso crema, el chile en polvo, el comino y la sal marina hasta que quede suave.

d) Combine la mezcla de arroz, queso crema y lentejas y verduras en un tazón grande y revuelva bien.

93. Dip picante de calabaza y queso crema

INGREDIENTES:
- 8 onzas de queso crema
- 15 onzas de calabaza enlatada sin azúcar
- 1 cucharadita de canela
- ¼ cucharadita de pimienta de Jamaica
- ¼ cucharadita de nuez moscada
- 10 nueces, trituradas

INSTRUCCIONES:

a) Batir el queso crema y la calabaza enlatada en una batidora hasta que quede cremoso.

b) Agregue la canela, la pimienta de Jamaica, la nuez moscada y las nueces hasta que estén bien combinados.

c) Antes de servir, enfriar durante una hora en el frigorífico.

94. Dip cremoso de espinacas y tahini

INGREDIENTES:
- 1 paquete (10 onzas) de espinacas tiernas frescas
- 1 a 2 dientes de ajo
- cucharadita de sal
- ⅓ taza de tahini (pasta de sésamo)
- Jugo de 1 limón
- cayena molida
- 2 cucharaditas de semillas de sésamo tostadas, para decorar

INSTRUCCIONES:

a) Cocine ligeramente las espinacas al vapor hasta que se ablanden, aproximadamente 3 minutos. Escurrir para secar y reservar.

b) En un procesador de alimentos, procesa el ajo y la sal hasta que estén finamente picados. Agrega las espinacas al vapor, el tahini, el jugo de limón y la cayena al gusto.

c) Procese hasta que esté bien mezclado y pruebe, ajustando los condimentos si es necesario.

d) Transfiera la salsa a un tazón mediano y espolvoree con las semillas de sésamo. Si no lo usa de inmediato, cubra y refrigere hasta que lo necesite.

e) Si se almacena adecuadamente, se conservará hasta por 3 días.

95. Salsa de albaricoque y chile

INGREDIENTES:
- 4 orejones
- 1 taza de jugo de uva blanca o jugo de manzana
- 1 cucharadita de pasta de chile asiático
- 1 cucharadita de jengibre fresco rallado
- 1 cucharada de salsa de soja
- 1 cucharada de vinagre de arroz

INSTRUCCIONES:

a) En una cacerola pequeña, combine los albaricoques y el jugo de uva y caliente hasta que hierva. Retirar del fuego y dejar reposar durante 10 minutos para que los albaricoques se ablanden.

b) Transfiera la mezcla de albaricoque a una licuadora o procesador de alimentos y procese hasta que quede suave. Agrega la pasta de chile, el jengibre, la salsa de soja y el vinagre y procesa hasta que quede suave. Pruebe, ajustando los condimentos si es necesario.

c) Transferir a un tazón pequeño. Si no lo usa de inmediato, cubra y refrigere hasta que lo necesite.

d) Si se almacena adecuadamente, la salsa se conservará de 2 a 3 días.

96.Dip de berenjena asada

INGREDIENTES:
- 3 berenjenas medianas con piel (la variedad grande, redonda y morada)
- 2 cucharadas de aceite
- 1 cucharadita colmada de semillas de comino
- 1 cucharadita de cilantro molido
- 1 cucharadita de cúrcuma en polvo
- 1 cebolla grande amarilla o morada, pelada y cortada en cubitos
- 1 trozo de raíz de jengibre, pelada y rallada o picada
- 8 dientes de ajo, pelados y rallados o picados
- 2 tomates medianos, pelados (si es posible) y cortados en cubitos
- 4 chiles verdes tailandeses, serranos o de cayena, picados
- 1 cucharadita de chile rojo en polvo o cayena
- 1 cucharada de sal marina gruesa

INSTRUCCIONES:

a) Coloque una rejilla del horno en la segunda posición más alta. Precalienta el asador a 500 °F (260 °C). Forre una bandeja para hornear con papel de aluminio para evitar que se ensucie más tarde.

b) Haz agujeros en la berenjena con un tenedor (para liberar vapor) y colócalos en la bandeja para hornear. Ase durante 30 minutos, volteando una vez. La piel quedará carbonizada y quemada en algunas áreas cuando terminen. Retira la bandeja para hornear del horno y deja enfriar la berenjena durante al menos 15 minutos. Con un cuchillo afilado, corte una división a lo largo de un extremo de cada berenjena al otro y ábrala ligeramente. Saque la pulpa asada del interior, teniendo cuidado de evitar el vapor y recuperar la mayor cantidad de jugo posible. Coloca la pulpa de berenjena asada en un tazón; tendrás aproximadamente 4 tazas (948 ml).

c) En una sartén profunda y pesada, calienta el aceite a fuego medio-alto.

d) Agregue el comino y cocine hasta que chisporrotee unos 30 segundos.

e) Agrega el cilantro y la cúrcuma. Mezclar y cocinar por 30 segundos.

f) Agrega la cebolla y dora por 2 minutos.

g) Agrega la raíz de jengibre y el ajo y cocina por 2 minutos más.

h) Agrega los tomates y los chiles. Cocine por 3 minutos, hasta que la mezcla se ablande.

i) Agrega la pulpa de las berenjenas asadas y cocina por otros 5 minutos, mezclando ocasionalmente para evitar que se pegue.

j) Agrega el chile rojo en polvo y la sal. En este punto, también debes quitar y desechar los trozos perdidos de piel de berenjena carbonizada.

k) Licue esta mezcla usando una licuadora de inmersión o en una licuadora aparte. No exageres; aún debe quedar algo de textura. Sirva con rebanadas de naan tostadas, galletas saladas o totopos. También puedes servirlo tradicionalmente con una comida india de roti, lentejas y raita.

97.Dip de rábano microverde y lima

INGREDIENTES:
- 4 onzas de microvegetales de rábano
- 2 onzas de cilantro
- 8 onzas de crema agria
- 1 cucharada de cebolla amarilla, rallada
- 1 diente de ajo pequeño, rallado
- 2 cucharadas de jugo de lima o al gusto
- sal al gusto
- hojuelas de pimiento rojo al gusto

INSTRUCCIONES:

a) En una licuadora, combine los microgreens, el cilantro (tallos y todo), la cebolla, el ajo y la crema agria hasta que quede suave.

b) Sazone con jugo de lima, sal y una pizca de hojuelas de pimiento rojo. Sirva con patatas fritas, verduras, carnes asadas y otras guarniciones.

98. Salsa para mojar de mango y ponzu

INGREDIENTES:
- 1 taza de mango maduro cortado en cubitos
- 1 cucharada de salsa ponzu
- ¼ cucharadita de pasta de chile asiático
- ¼ cucharadita de azúcar
- 2 cucharadas de agua, y más si es necesario

INSTRUCCIONES:

a) En una licuadora o procesador de alimentos, combine todos los ingredientes y mezcle hasta que quede suave, agregando otra cucharada de agua si desea una salsa más líquida.

b) Transferir a un tazón pequeño. Sirva inmediatamente o cubra y refrigere hasta que esté listo para usar. Es mejor utilizar esta salsa el mismo día de su elaboración.

99.Crema De Berenjenas Y Nueces

INGREDIENTES:
- 2 cucharadas de aceite de oliva
- 1 cebolla pequeña, picada
- 1 berenjena pequeña, pelada y cortada en dados de un centímetro
- 2 dientes de ajo, picados
- cucharadita de sal
- 1/8 cucharadita de cayena molida
- taza de nueces picadas
- 1 cucharada de albahaca fresca picada
- 2 cucharadas de mayonesa vegana
- 2 cucharadas de perejil fresco picado, para decorar

INSTRUCCIONES:

a) En una sartén grande, calienta el aceite a fuego medio. Agrega la cebolla, la berenjena, el ajo, la sal y la cayena. Cubra y cocine hasta que esté suave, aproximadamente 15 minutos. Agregue las nueces y la albahaca y deje enfriar.

b) Transfiera la mezcla de berenjena enfriada a un procesador de alimentos. Agrega la mayonesa y procesa hasta que quede suave. Pruebe, ajuste los condimentos si es necesario, luego transfiera a un tazón mediano y decore con el perejil.

c) Si no lo usa de inmediato, cubra y refrigere hasta que lo necesite.

d) Si se almacena adecuadamente, se conservará hasta por 3 días.

100.Salsa atrevida de espinacas con ajo asado

INGREDIENTES:
- 5 a 7 dientes de ajo
- 1 paquete (10 onzas) de espinacas picadas congeladas, descongeladas
- ½ taza de mayonesa vegana
- ½ taza de crema agria vegana
- 2 cucharaditas de jugo de lima fresco
- ¼ de taza de cebollas verdes picadas
- ¼ taza de zanahoria rallada
- 2 cucharadas de cilantro o perejil fresco picado
- cucharadita de sal de apio
- Sal y pimienta negra recién molida

INSTRUCCIONES:

a) Precalienta el horno a 350° F. Ase el ajo en una bandeja para hornear pequeña hasta que esté dorado, de 12 a 15 minutos. Presione o triture el ajo asado y tritúrelo hasta obtener una pasta. Dejar de lado.

b) Mientras se asa el ajo, cocine las espinacas al vapor hasta que estén tiernas, 5 minutos. Exprimir hasta secar y picar finamente. Dejar de lado.

c) En un tazón mediano, combine la mayonesa, la crema agria, el jugo de limón y el ajo asado. Revuelve para combinar.

d) Agrega las cebollas verdes, las zanahorias y el cilantro. Agregue las espinacas al vapor y sazone con sal de apio y sal y pimienta al gusto. Mezclar bien.

e) Enfríe al menos 1 hora antes de servir para permitir que los sabores se intensifiquen. Si no lo usa de inmediato, cubra y refrigere.

f) Si se almacena adecuadamente, se conservará hasta por 3 días.

CONCLUSIÓN

A medida que llegamos al final de " LA GUÍA ÚLTIMA DE PATATAS FRITAS Y SALSAS", esperamos que haya encontrado inspiración y alegría al explorar el mundo de los refrigerios. Ya sea que sea un entusiasta experimentado de los refrigerios o un novato en la cocina, este libro de cocina tiene como objetivo brindarle una colección de recetas irresistibles que mejorarán su juego de refrigerios.

Recuerde, la belleza de las patatas fritas y las salsas radica en su versatilidad. Siéntete libre de experimentar con diferentes sabores, texturas e ingredientes para crear tus bocadillos exclusivos. Ya sea que esté organizando una reunión, disfrutando de una noche tranquila en casa o buscando un bocadillo rápido y satisfactorio, las recetas de este libro serán su guía para experiencias inolvidables de refrigerios.

Entonces, toma tu bolsa de papas fritas favorita, arremángate y deja que comience el viaje. Prepárese para saborear lo crujiente, disfrutar de los sabores y sumergirse en las delicias con " LA GUÍA ÚLTIMA DE PATATAS FRITAS Y SALSAS". ¡Feliz refrigerio!

www.ingramcontent.com/pod-product-compliance
Lightning Source LLC
Chambersburg PA
CBHW071912110526
44591CB00011B/1648